escuela - школа 2
viaje - путешествие 5
transporte - транспорт 8
ciudad - город 10
paisaje - ландшафт 14
restaurante - ресторан 17
supermercado - супермаркет 20
bebidas - напитки 22
comida - еда 23
granja - ферма 27
casa - дом 31
sala - гостиная 33
cocina - кухня 35
cuarto de baño - ванная комната 38
habitación de los niños - детская комната 42
ropa - одежда 44
oficina - офис 49
economía - экономика 51
oficios - профессии 53
herramientas - инструменты 56
instrumentos musicales - музыкальные инструменты 57
zoo - зоопарк 59
deportes - спорт 62
actividades - действия 63
familia - семья 67
cuerpo - тело 68
hospital - больница 72
urgencia - неотложный случай 76
tierra - земля 77
hora(s) - часы 79
semana - неделя 80
año - год 81
formas - формы 83
colores - цвета 84
opuestos - противоположности 85
números - цифры 88
idiomas - языки 90
quién / qué / cómo - кто / что / как 91
dónde - где 92

AF188548

Impressum
Verlag: BABADADA GmbH, Nedderfeld 112 , 22529 Hamburg
Geschäftsführer / Verlagsleitung: Harald Hof
Druck: Books on Demand GmbH, In de Tarpen 42, 22848 Norderstedt

Imprint
Publisher: BABADADA GmbH, Nedderfeld 112 , 22529 Hamburg, Germany
Managing Director / Publishing direction: Harald Hof
Print: Books on Demand GmbH, In de Tarpen 42, 22848 Norderstedt, Germany

escuela
школа

aula
классная комната
dividir
делить
186/2
pizarra
доска
patio
школьный двор
maestro/a
учитель
papel
бумага
escribir
писать
bolígrafo
ручка
escritorio
письменный стол
regla
линейка
libro
книга
alumno/a
ученик

cartera

ранец

caja de lápices

пенал

lápiz

карандаш

sacapuntas

точилка

goma de borrar

ластик

cuaderno de dibujo

альбом для рисования

dibujo

рисунок

pincel

кисточка

caja de pinturas

коробка красок

tijeras

ножницы

pegamento

клей

cuaderno de ejercicios

тетрадь

deberes

домашняя работа

número

цифра

sumar

прибавлять

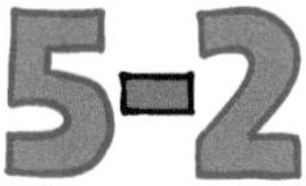

restar

вычитать

multiplicar

умножать

calcular

считать

letra

буква

alfabeto

алфавит

palabra

слово

texto

текст

leer

читать

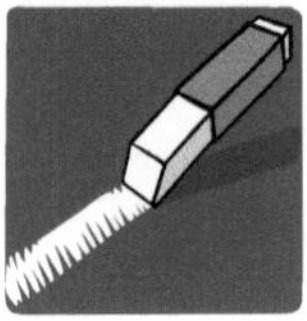

tiza

мел

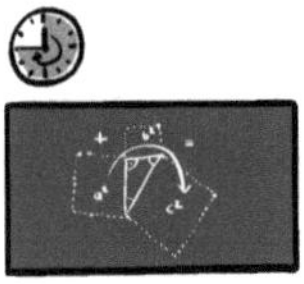

lección

урок

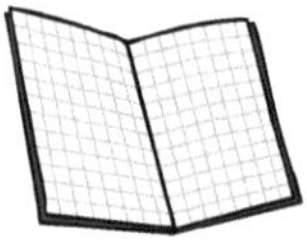

cuaderno de notas

классный журнал

examen

экзамен

certificado

диплом

uniforme escolar

школьная форма

educación

образование

enciclopedia

энциклопедия

universidad

университет

microscopio

микроскоп

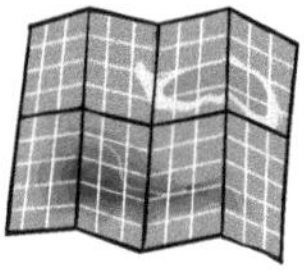

mapa

карта

papelera

корзина для бумаг

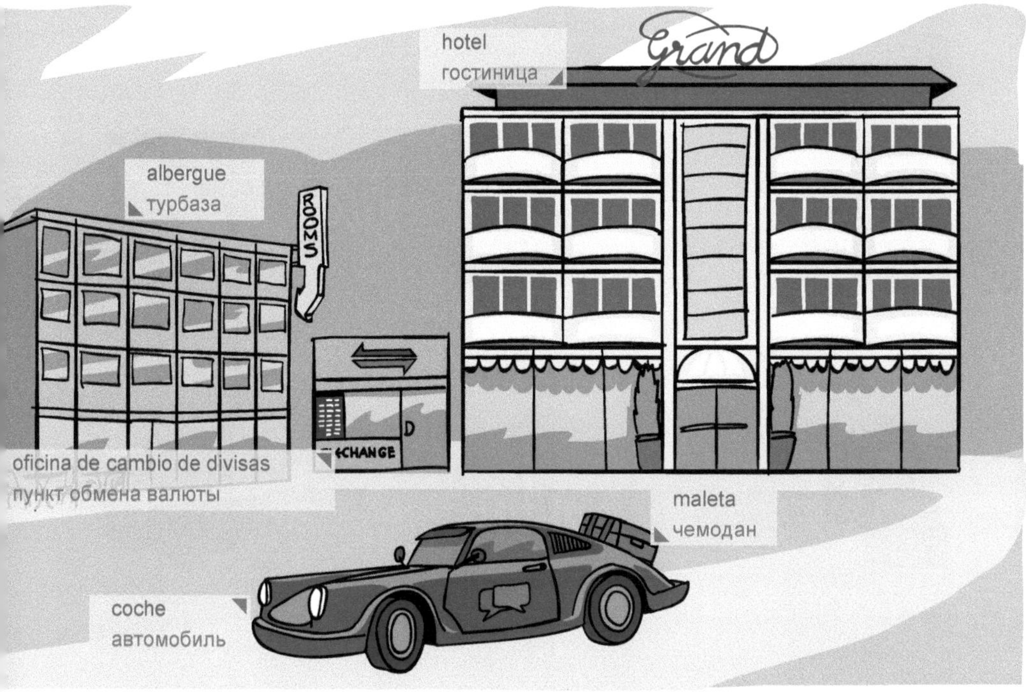

hotel
гостиница
Grand
albergue
турбаза
ROOMS
EXCHANGE
oficina de cambio de divisas
пункт обмена валюты
maleta
чемодан
coche
автомобиль

idioma

язык

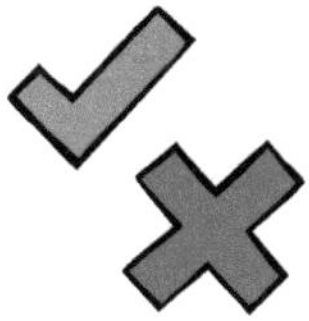

sí / no

да / нет

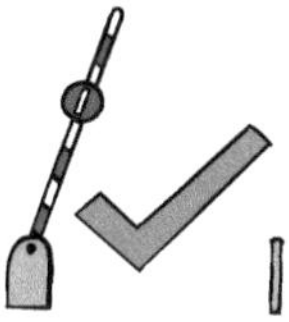

Vale

хорошо

hola

Привет

traductor

переводчик

Gracias

Спасибо

¿cuánto es…?

Сколько стоит…?

No entiendo

Я не понимаю

problema

проблема

¡Buenas tardes!

Добрый вечер!

¡Buenos días!

Доброе утро!

¡Buenas noches!

Доброй ночи!

adiós

До свидания

dirección

направление

equipaje

багаж

bolsa

сумка

mochila

рюкзак

invitado

гость

habitación

комната

saco de dormir

спальный мешок

tienda de campaña

палатка

información turística

туристическая информация

playa

пляж

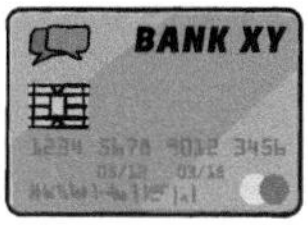

tarjeta de crédito

кредитная карточка

desayuno

завтрак

almuerzo

обед

cena

ужин

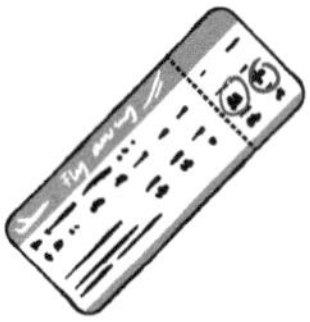

billete

билет

ascensor

лифт

sello

почтовая марка

frontera

граница

aduana

таможня

embajada

посольство

visa

виза

pasaporte

паспорт

transporte
транспорт

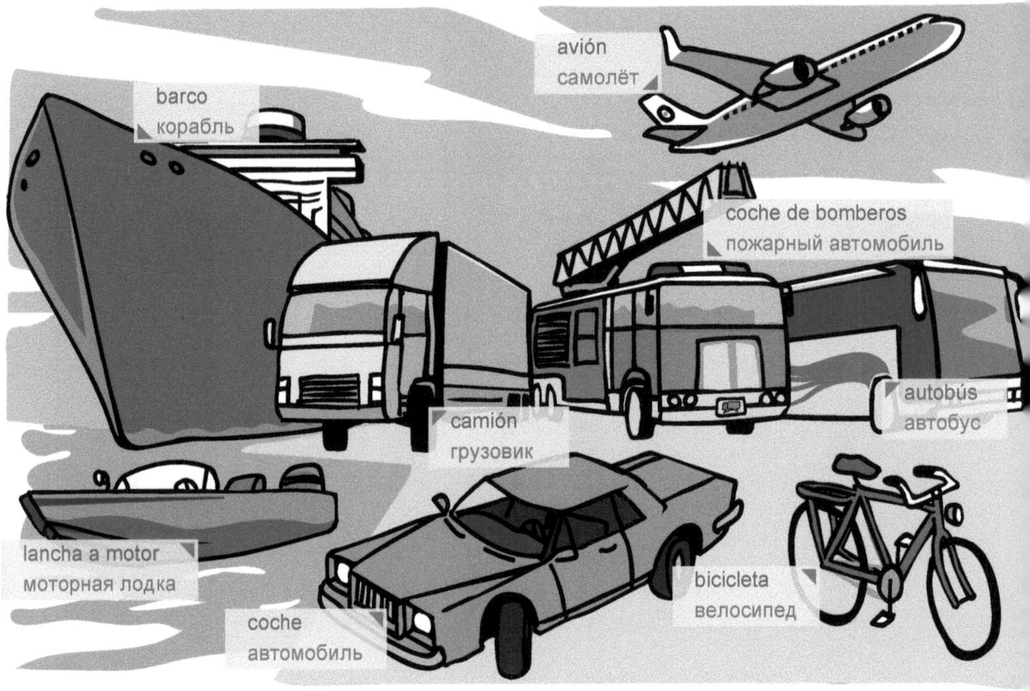
avión
самолёт
barco
корабль
coche de bomberos
пожарный автомобиль
autobús
автобус
camión
грузовик
lancha a motor
моторная лодка
bicicleta
велосипед
coche
автомобиль

transbordador

паром

barca

лодка

moto

мотоцикл

coche de policía

полицейский автомобиль

coche de carreras

гоночный автомобиль

coche de alquiler

арендованный автомобиль

préstamo de vehículos

совместное пользование автомобилями

grúa

буксировочный автомобиль

camión de la basura

мусоровоз

motor

двигатель

gasolina

топливо

gasolinera

заправка

señal de tráfico

дорожный знак

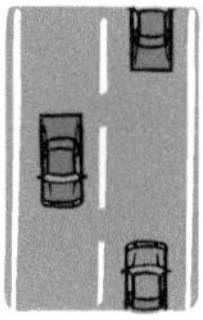

tráfico

движение

atasco

пробка

aparcamiento

автостоянка

estación de tren

вокзал

vías

рельсы

tren

поезд

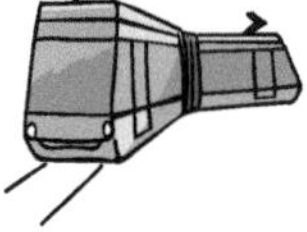

tranvía

трамвай

vagón

вагон

helicóptero

вертолёт

aeropuerto

аэропорт

torre

вышка

pasajero

пассажир

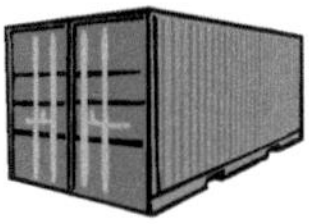

contenedor

контейнер

caja de cartón

коробка

carretilla

тележка

cesta

корзина

despegar / aterrizar

взлетать / приземляться

ciudad

город

pueblo

деревня

centro de ciudad

центр города

casa

дом

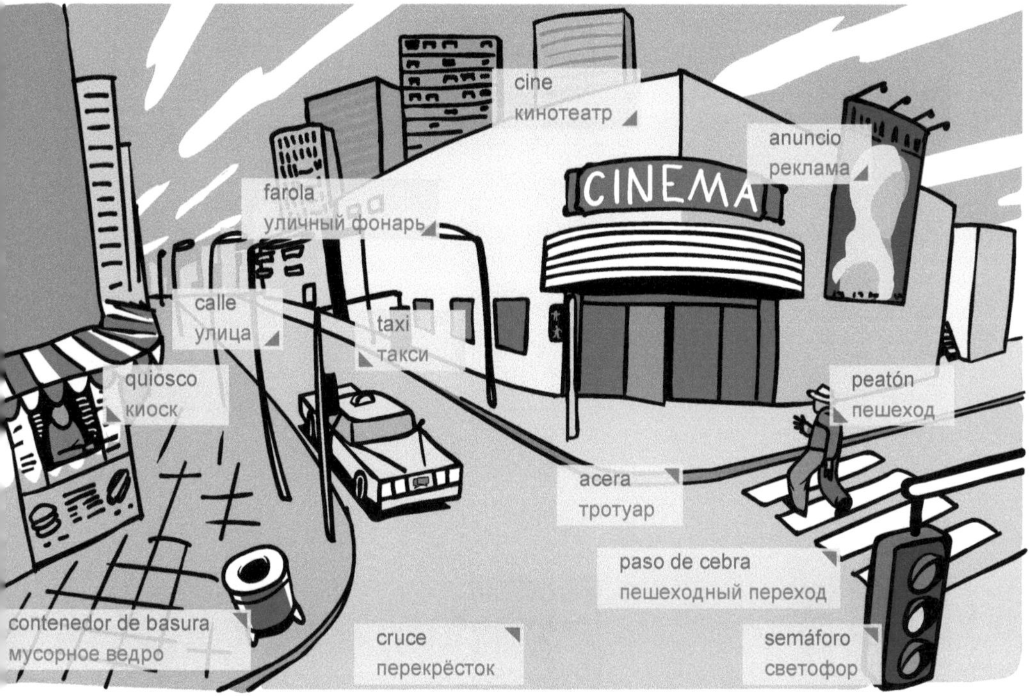
cine
кинотеатр
CINEMA
anuncio
реклама
farola
уличный фонарь
calle
улица
taxi
такси
quiosco
киоск
peatón
пешеход
acera
тротуар
paso de cebra
пешеходный переход
contenedor de basura
мусорное ведро
cruce
перекрёсток
semáforo
светофор

cabaña

хижина

apartamento

квартира

estación de tren

вокзал

ayuntamiento

ратуша

MUSEUM

museo

музей

escuela

школа

universidad

университет

banco

банк

hospital

больница

hotel

гостиница

farmacia

аптека

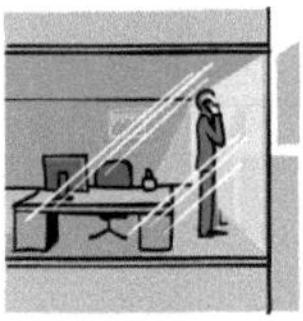

oficina

офис

librería

книжный магазин

tienda

магазин

floristería

цветочный магазин

supermercado

супермаркет

mercado

рынок

grandes almacenes

универмаг

pescadería

торговец рыбой

centro comercial

торговый центр

puerto

порт

parque

парк

banco

скамейка

puente

мост

escaleras

лестница

metro

метро

túnel

тоннель

parada de autobús

автобусная остановка

bar

бар

restaurante

ресторан

buzón

почтовый ящик

poste indicador

табличка с названием улицы

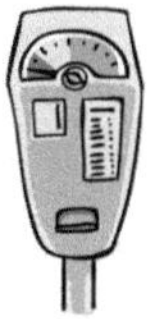

parquímetro

паркометр

zoo

зоопарк

piscina

бассейн

mezquita

мечеть

granja

ферма

contaminación

загрязнение окружающей среды

cementerio

кладбище

iglesia

церковь

patio de juego

детская площадка

templo

храм

paisaje

ландшафт

hoja
лист
señal
дорожный указатель
camino
дорога
prado
луг
piedra
камень
árbol
дерево
excursionista
путешественник
río
река
hierba
трава
flor
цветок

valle

долина

colina

гора

lago

озеро

bosque

лес

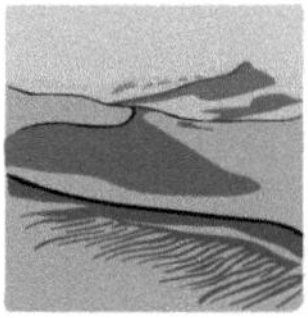

desierto

пустыня

volcán

вулкан

castillo

замок

arcoíris

радуга

champiñón

гриб

palmera

пальма

mosquito

комар

mosca

муха

hormiga

муравей

abeja

пчела

araña

паук

escarabajo

жук

rana

лягушка

ardilla

белка

erizo

еж

liebre

заяц

lechuza

сова

pájaro

птица

cisne

лебедь

jabalí

кабан

ciervo

олень

alce

лось

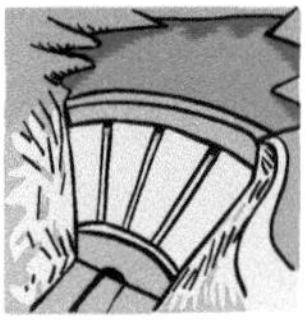

presa

плотина

turbina eólica

ветряной генератор

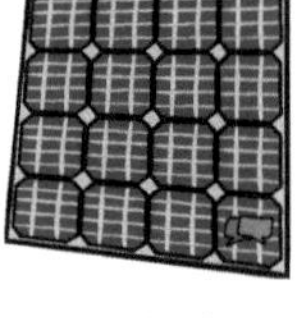

panel solar

солнечная батарея

clima

климат

camarero
официант
menú
меню
silla
стул
sopa
суп
pizza
пицца
mantel
скатерть
cubertería
столовые приборы

primer plato

закуска

plato principal

главное блюдо

postre

десерт

bebidas

напитки

comida

еда

botella

бутылка

comida rápida

фастфуд

comida callejera

уличная еда

tetera

чайник

azucarero

сахарница

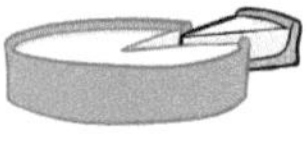

porción

порция

cafetera expreso

кофеварка

trona

детский стульчик

cuenta

счет

bandeja

поднос

cuchillo

нож

tenedor

вилка

cuchara

ложка

cucharilla

чайная ложка

servilleta

салфетка

vaso

стакан

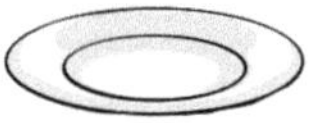

plato

тарелка

plato hondo

суповая тарелка

platillo

блюдце

salsa

соус

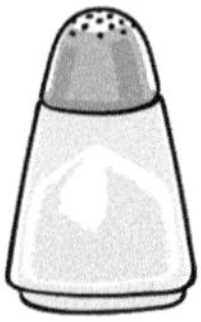

salero

солонка

molinillo de pimienta

мельница для перца

vinagre

уксус

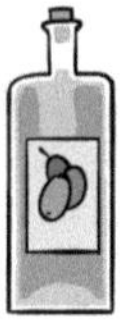

aceite

масло

especias

специи

ketchup

кетчуп

mostaza

горчица

mayonesa

майонез

supermercado
супермаркет

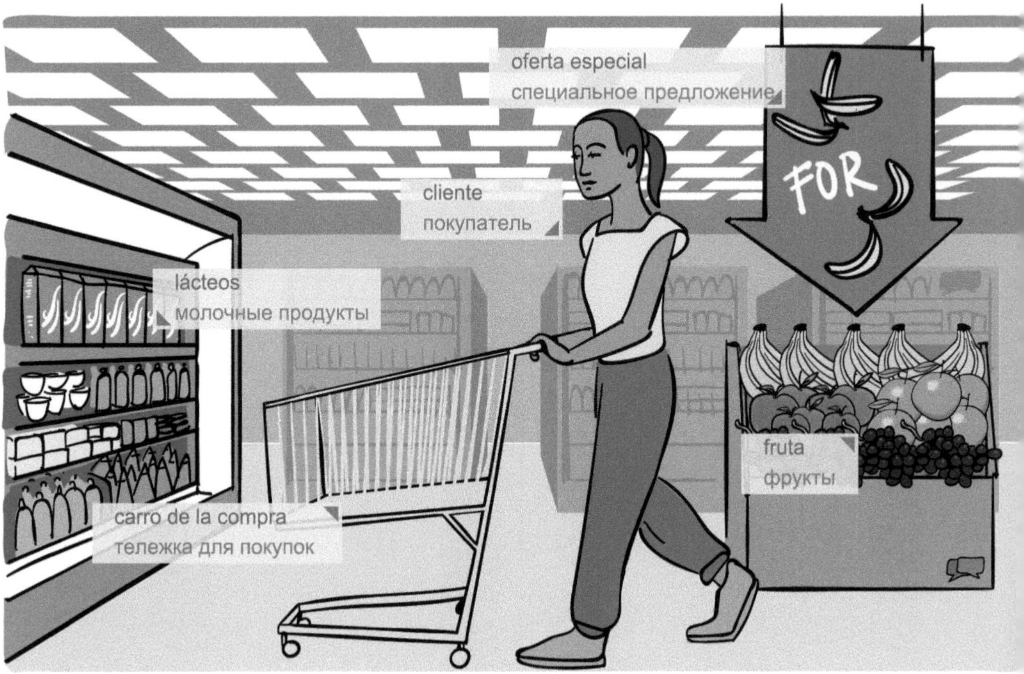

oferta especial
специальное предложение
FOR
cliente
покупатель
lácteos
молочные продукты
fruta
фрукты
carro de la compra
тележка для покупок

BUTCHERS

carnicería

мясной магазин

BAKERY

panadería

пекарня

pesar

взвешивать

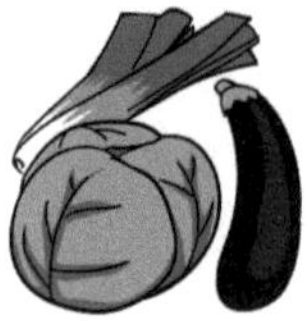

verduras

овощи

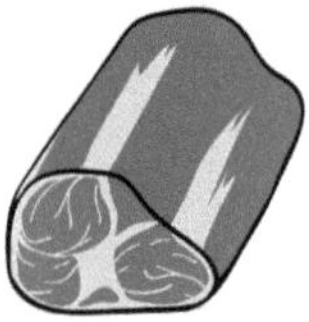

carne

мясо

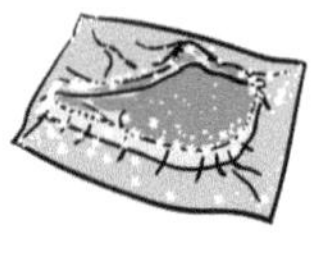

alimentos congelados

быстрозамороженные продукты

fiambres

нарезка

conservas

консервы

detergente en polvo

стиральный порошок

dulces

сладости

productos de uso doméstico

предмет домашнего обихода

productos de limpieza

моющее средство

vendedora

продавщица

caja

касса

cajero

кассир

lista de la compra

список покупок

horario de atención al público

время работы

cartera

бумажник

tarjeta de crédito

кредитная карточка

bolsa

сумка

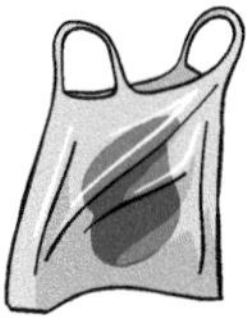

bolsa de plástico

полиэтиленовый пакет

bebidas

напитки

agua

вода

zumo

сок

leche

молоко

cola

кока-кола

vino

вино

cerveza

пиво

alcohol

алкоголь

cacao

какао

té

чай

café

кофе

expreso

эспрессо

capuchino

капучино

comida

еда

plátano

банан

manzana

яблоко

naranja

апельсин

melón

арбуз

limón

лимон

zanahoria

морковь

ajo

чеснок

bambú

бамбук

cebolla

лук

champiñón

гриб

avellanas

орехи

fideos

лапша

espagueti

спагетти

arroz

рис

ensalada

салат

patatas fritas

картофель фри

patatas fritas

жареный картофель

pizza

пицца

hamburguesa

гамбургер

sándwich

сэндвич

filete

шницель

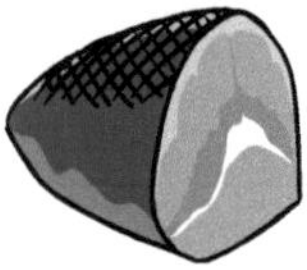

jamón

ветчина

salami

салями

salchicha

колбаса

pollo

курица

asado

жаркое

pescado

рыба

copos de avena

овсяные хлопья

muesli

мюсли

copos de maíz

кукурузные хлопья

harina

мука

cruasán

круассан

panecillo

булочка

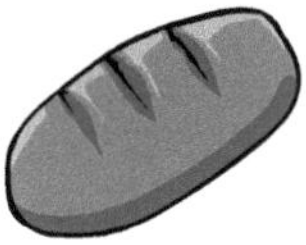

pan

хлеб

tostada

тост

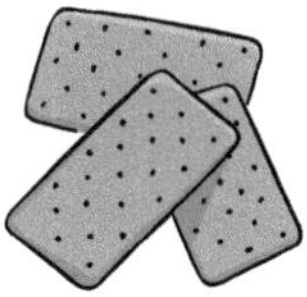

galletas

печенье

mantequilla

масло

cuajada

творог

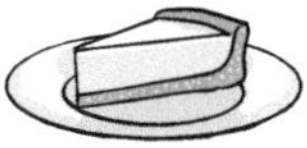

pastel

пирог

huevo

яйцо

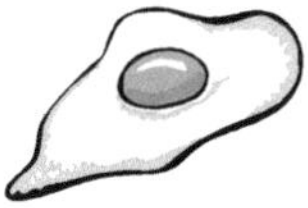

huevo frito

яичница

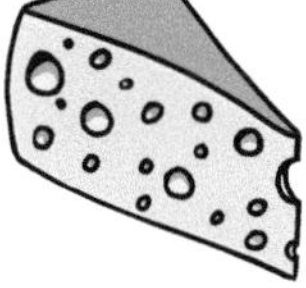

queso

сыр

helado

мороженое

azúcar

сахар

miel

мёд

mermelada

мармелад

crema de turrón

крем с нугой

curry

карри

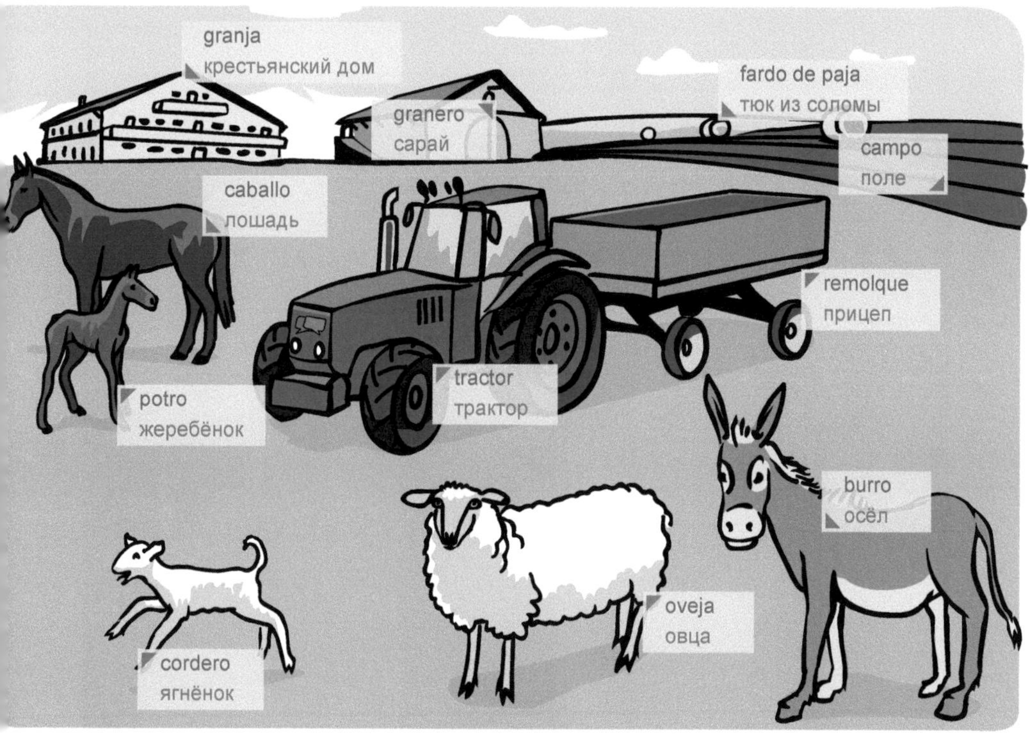
granja
крестьянский дом
fardo de paja
тюк из соломы
granero
сарай
campo
поле
caballo
лошадь
remolque
прицеп
tractor
трактор
potro
жеребёнок
burro
осёл
oveja
овца
cordero
ягнёнок

cabra

коза

vaca

корова

ternero

телёнок

cerdo

свинья

cerdito

поросёнок

toro

бык

ganso

гусь

pato

утка

pollo

цыплёнок

gallina

курица

gallo

петух

rata

крыса

gato

кошка

ratón

мышь

buey

вол

perro

собака

perrera

конура

manguera

садовый шланг

regadera

лейка

guadaña

коса

arado

плуг

hoz

серп

azada

мотыга

horca

навозные вилы

hacha

топор

carretilla

тачка

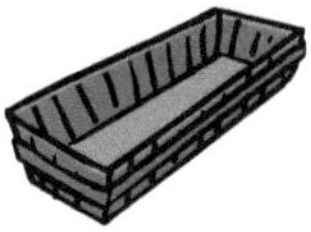

abrevadero

корыто

lechera

бидон для молока

saco

мешок

valla

забор

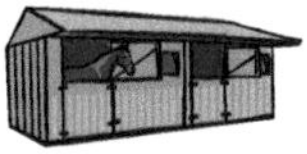

establo

хлев

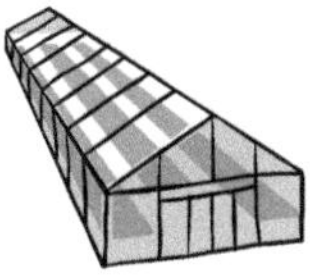

invernadero

теплица

suelo

почва

semilla

посев

fertilizador

удобрение

cosechadora

комбайн

cosechar

собирать урожай

cosecha

урожай

ñame

ямс

trigo

пшеница

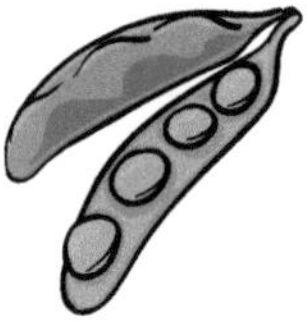

soja

соя

patata

картофель

maíz

кукуруза

semilla de colza

рапс

árbol frutal

фруктовое дерево

mandioca

маниок

cereales

злаки

casa

дом

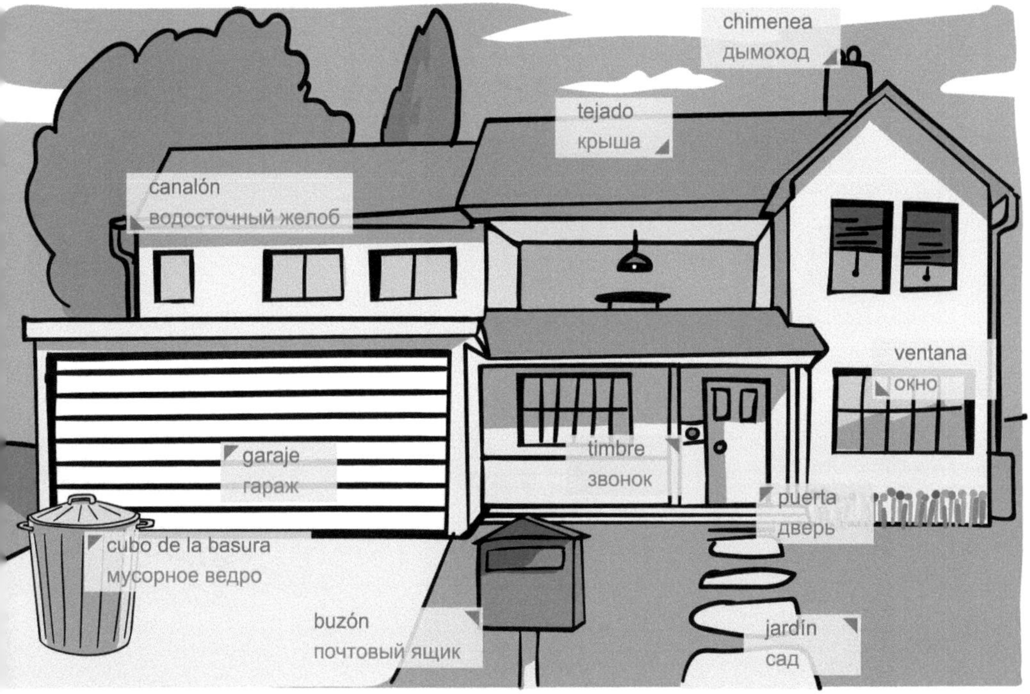
chimenea
дымоход
tejado
крыша
canalón
водосточный желоб
ventana
окно
garaje
гараж
timbre
звонок
puerta
дверь
cubo de la basura
мусорное ведро
buzón
почтовый ящик
jardín
сад

sala

гостиная

cuarto de baño

ванная комната

cocina

кухня

dormitorio

спальня

habitación de los niños

детская комната

comedor

столовая

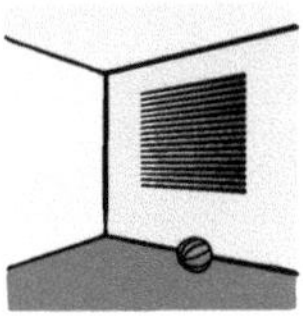

suelo

пол

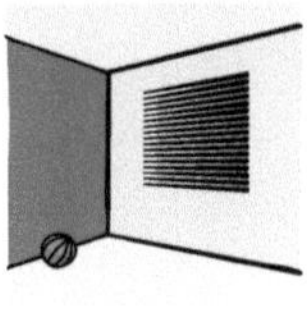

pared

стена

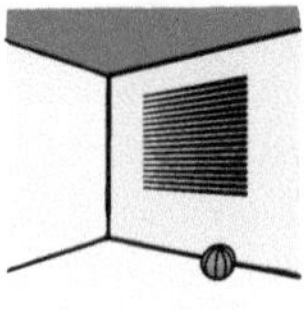

techo

потолок

sótano

подвал

sauna

сауна

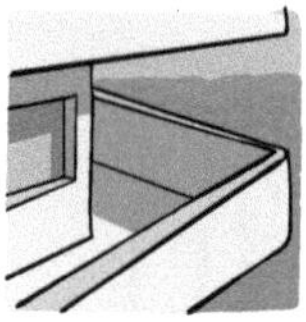

balcón

балкон

terraza

терраса

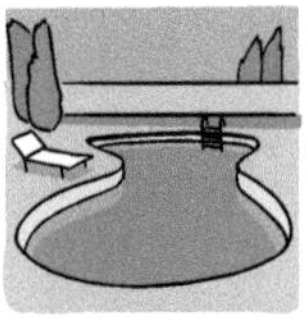

piscina

бассейн

cortacésped

газонокосилка

sábana

пододеяльник

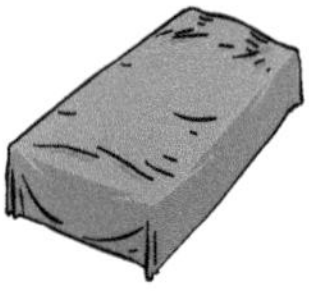

colcha

покрывало

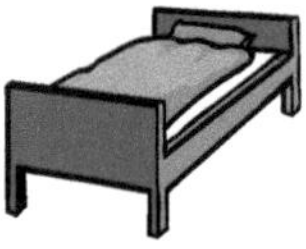

cama

кровать

escoba

метла

balde

ведро

interruptor

выключатель

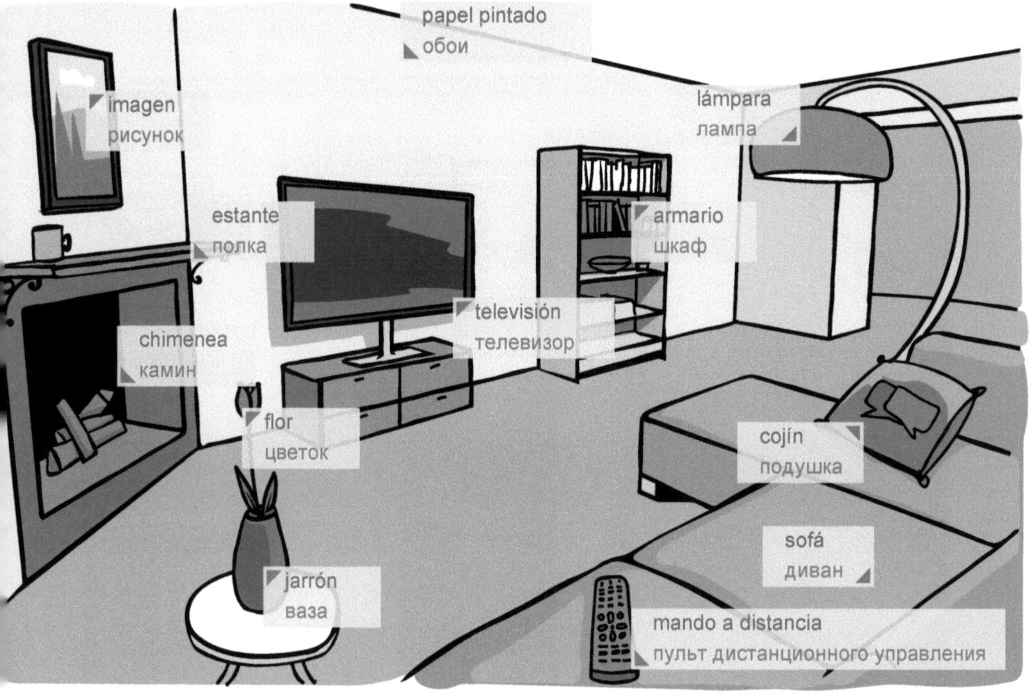
papel pintado
обои
imagen
рисунок
lámpara
лампа
estante
полка
armario
шкаф
televisión
телевизор
chimenea
камин
flor
цветок
cojín
подушка
sofá
диван
jarrón
ваза
mando a distancia
пульт дистанционного управления

alfombra
ковёр

cortina
штора

mesa
стол

silla
стул

mecedora
кресло-качалка

butaca
кресло

libro

книга

manta

покрывало

decoración

украшение

leña

дрова

película

фильм

equipo de música

стереосистема

llave

ключ

periódico

газета

pintura

картина

póster

плакат

radio

радио

cuaderno

блокнот

aspiradora

пылесос

cactus

кактус

vela

свеча

cocina
кухня

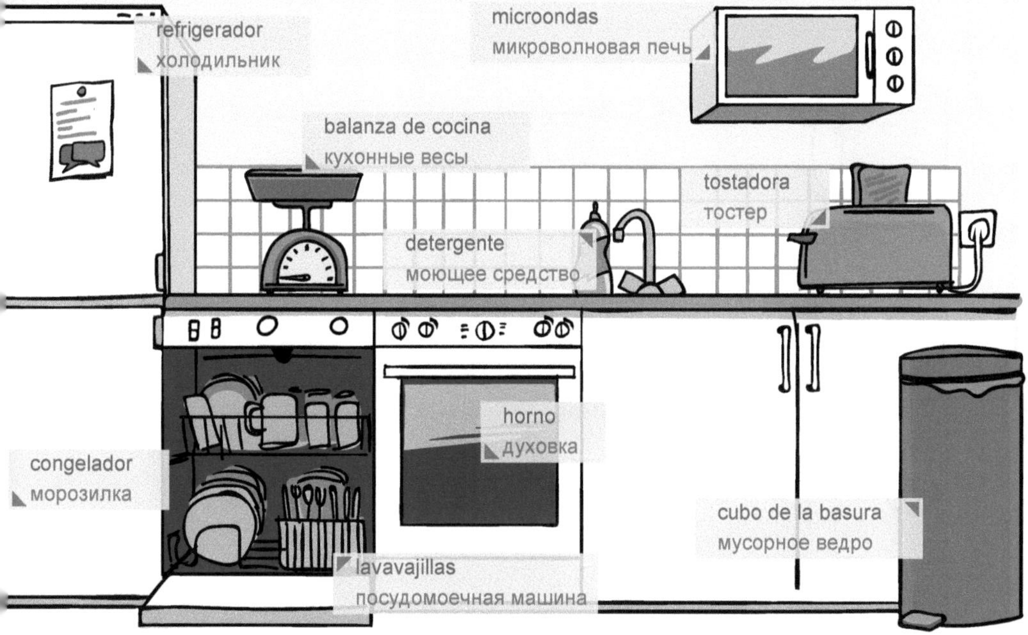
refrigerador
холодильник
microondas
микроволновая печь
balanza de cocina
кухонные весы
tostadora
тостер
detergente
моющее средство
horno
духовка
congelador
морозилка
cubo de la basura
мусорное ведро
lavavajillas
посудомоечная машина

olla a presión

плита

olla

кастрюля

olla de hierro fundido

чугунный котелок

wok / karahi

вок / кадай

cazuela

сковорода

hervidor

чайник

vaporera

пароварка

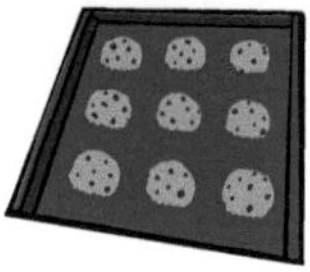

chapa de horno

противень

vajilla

посуда

taza

кружка

tazón

миска

palillos

палочки для еды

cucharón

половник

espumadera

лопатка

batidor

сбивалка

colador

сито

cedazo

сито

rallador

тёрка

mortero

ступка

barbacoa

гриль

hoguera

костёр

tabla de picar

доска

rodillo

скалка

sacacorchos

штопор

lata

жестяная банка

abrelatas

консервный нож

agarrador

прихватка

lavabo

раковина

cepillo

щетка

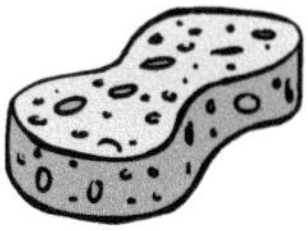

esponja

губка

batidora

миксер

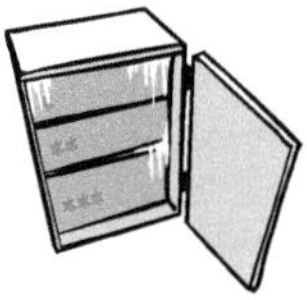

congelador

морозильная камера

biberón

бутылочка для кормления

grifo

кран

cuarto de baño

ванная комната

ducha
душ
calefacción
отопление
toalla
полотенце
cortina de la ducha
душевая занавеска
baño de espuma
пенистая ванна
bañera
ванна
vaso
стакан
lavadora
стиральная машина
grifo
кран
baldosas
плитка
orinal
горшок
lavabo
раковина

inodoro
туалет

inodoro rústico
напольный унитаз

bidé
биде

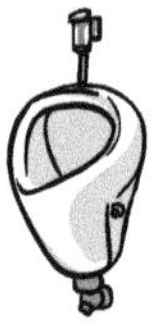

urinario
писсуар

papel higiénico
туалетная бумага

escobilla del váter
ершик

cepillo de dientes

зубная щетка

pasta de dientes

зубная паста

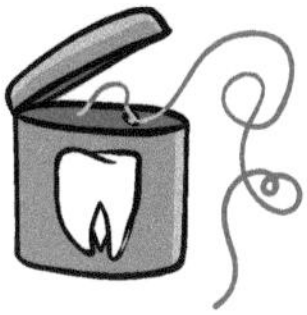

hilo dental

зубная нить

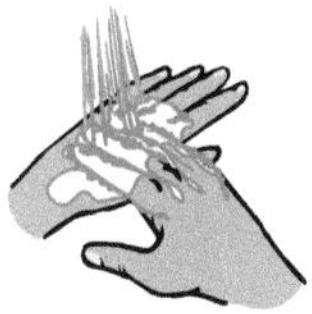

lavar

мыть

ducha de mano

ручной душ

ducha íntima

интимный душ

pila

таз

cepillo de espalda

щетка для спины

jabón

мыло

gel de ducha

гель для душа

champú

шампунь

toallita

мочалка

desagüe

сток

crema

крем

desodorante

дезодорант

espejo

зеркало

espejo de tocador

ручное зеркало

maquinilla de afeitar

бритва

espuma de afeitar

пена для бритья

loción postafeitado

лосьон после бритья

peine

расческа

cepillo

щетка

secador

фен

laca

лак для волос

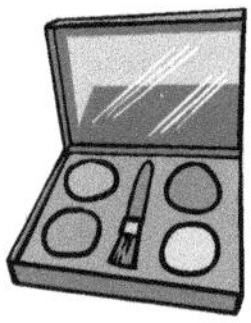

maquillaje

косметика

pintalabios

губная помада

pintauñas

лак для ногтей

algodón

вата

cortauñas

маникюрные ножницы

perfume

духи

estuche de viaje

косметичка

banqueta

табуретка

balanza

весы

albornoz

халат

guantes de goma

резиновые перчатки

tampón

тампон

compresa

гигиеническая прокладка

inodoro químico

биотуалет

habitación de los niños
детская комната

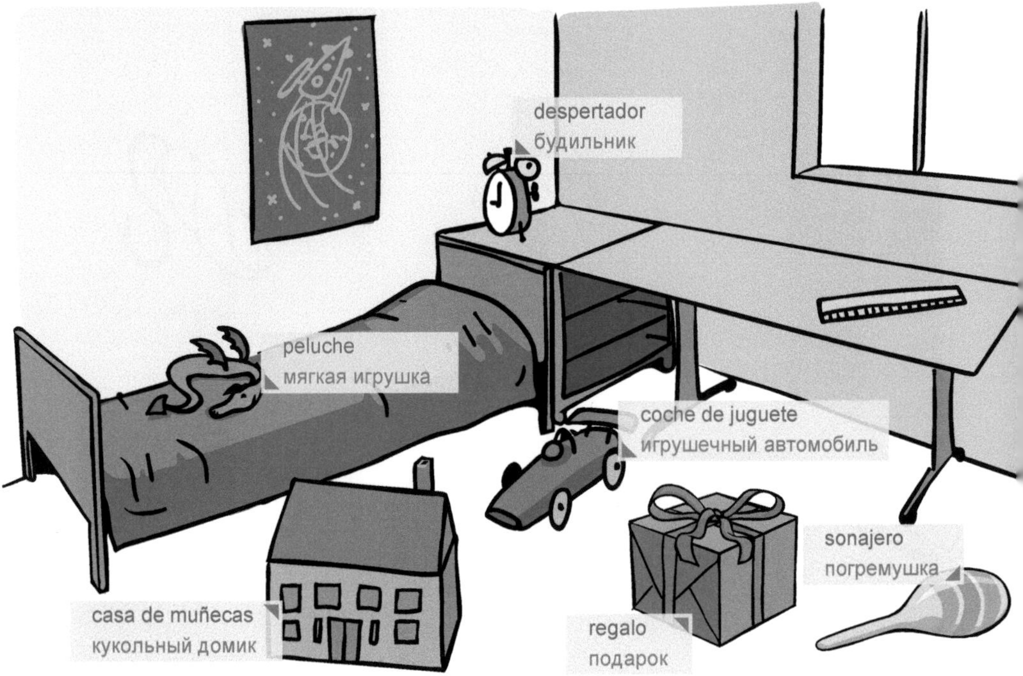

despertador
будильник
peluche
мягкая игрушка
coche de juguete
игрушечный автомобиль
sonajero
погремушка
casa de muñecas
кукольный домик
regalo
подарок

globo

воздушный шар

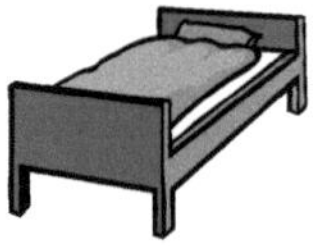

cama

кровать

coche de niño

детская коляска

naipes

карточная игра

puzle

пазл

SUPER
MEGA

tebeo

комикс

piezas de lego

кирпичики Лего

bloques de juguete

кубики

figura de acción

игрушечная фигурка

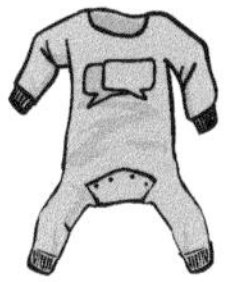

bodi (de bebé)

ползунки

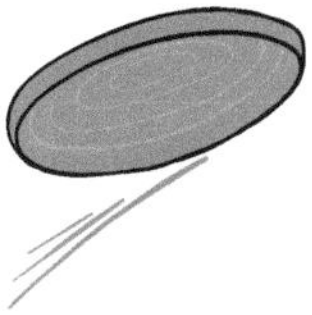

frisbee

фрисби

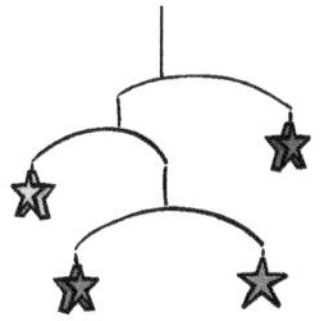

colgador móvil para bebés

мобиле

juego de mesa

настольная игра

dados

кубик

circuito de tren eléctrico

модель железной дороги

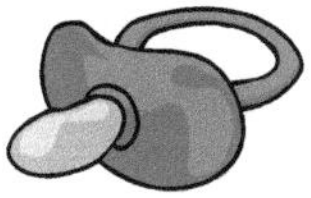

maniquí

соска

fiesta

вечеринка

álbum de fotos

книга с картинками

pelota

мяч

muñeca

кукла

jugar

играть

cajón de arena

песочница

columpio

качели

juguetes

игрушка

videoconsola

игровая приставка

triciclo

трёхколесный велосипед

oso de peluche

плюшевый медвежонок

guardarropa

шкаф для одежды

ropa
одежда

calcetines

носки

medias

чулки

leotardos

колготки

bufanda
шарф

paraguas
зонтик

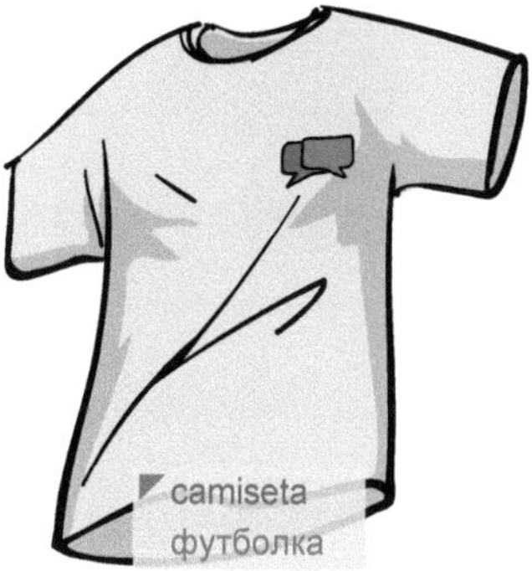
camiseta
футболка

cinturón
ремень

botas
сапоги

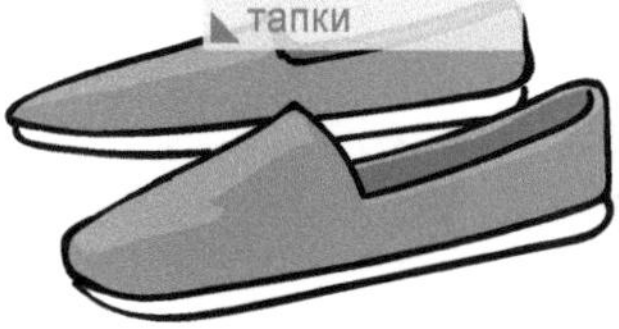
zapatillas
тапки

deportivas
кроссовки

sandalias

сандалии

zapatos

ботинки

botas de goma

резиновые сапоги

slip

трусы

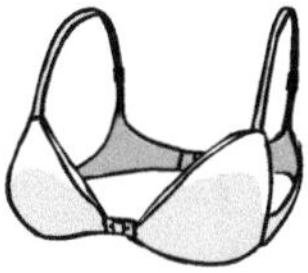

sostén

бюстгальтер

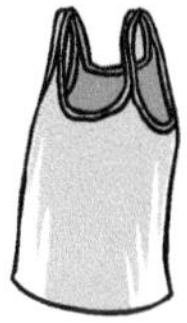

chaleco

майка

bodi

боди

pantalones

брюки

vaqueros

джинсы

falda

юбка

blusa

блузка

camisa

рубашка

jersey

свитер

suéter

свитер

blazer

спортивная куртка

chaqueta

жакет

abrigo

пальто

gabardina

плащ

traje

костюм

vestido

платье

vestido de novia

свадебное платье

traje
....
мужской костюм

camisón
....
ночная сорочка

pijama
....
пижама

sari
....
сари

bandana
....
платок

turbante
....
тюрбан

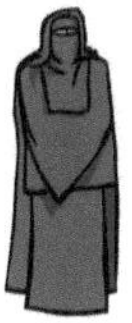

burka
....
паранджа

caftán
....
кафтан

abaya
....
абайя

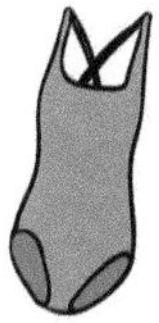

traje de baño
....
купальник

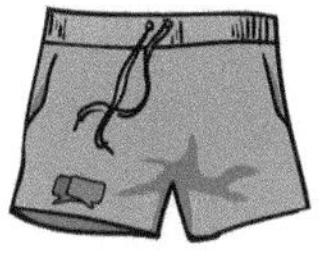

bañador
....
плавки

pantalones cortos
....
шорты

chándal
....
спортивный костюм

delantal
....
фартук

guantes
....
перчатки

botón

пуговица

gafas

очки

brazalete

браслет

collar

цепочка

anillo

кольцо

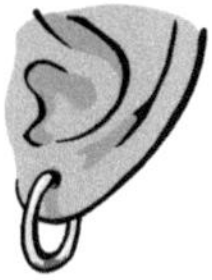

pendiente

серьга

gorra

шапка

percha

вешалка

sombrero

шляпа

corbata

галстук

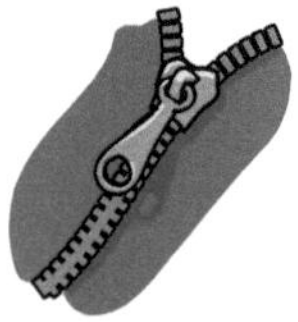

cremallera

застежка молния

casco

шлем

tirantes

подтяжки

uniforme escolar

школьная форма

uniforme

форма

babero

детский нагрудник

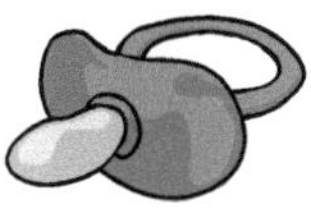

maniquí

соска

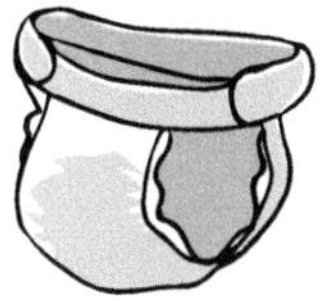

pañal

подгузник

oficina

офис

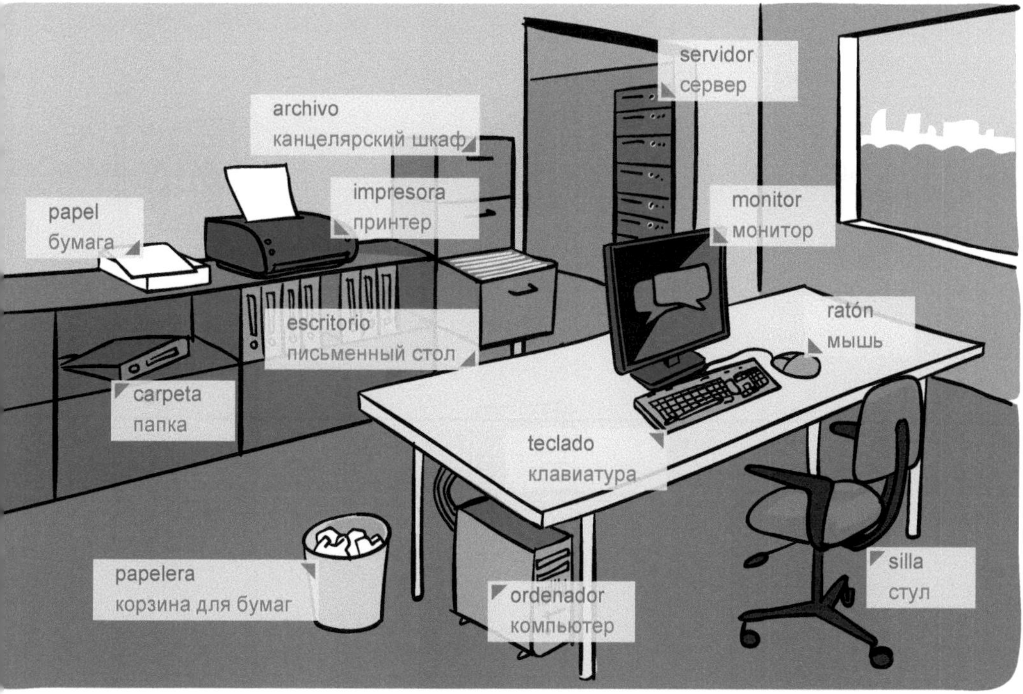
servidor
сервер
archivo
канцелярский шкаф
impresora
принтер
papel
бумага
monitor
монитор
ratón
мышь
escritorio
письменный стол
carpeta
папка
teclado
клавиатура
papelera
корзина для бумаг
ordenador
компьютер
silla
стул

taza de café

кофейная кружка

calculadora

калькулятор

internet

интернет

portátil

ноутбук

carta

письмо

mensaje

сообщение

móvil

мобильный телефон

red

сеть

fotocopiadora

ксерокс

software

программа

teléfono

телефон

toma de corriente

розетка

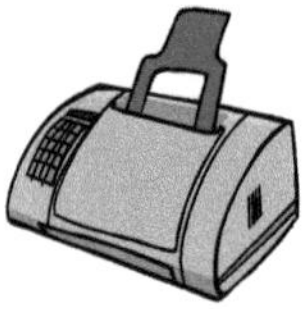

fax

факс

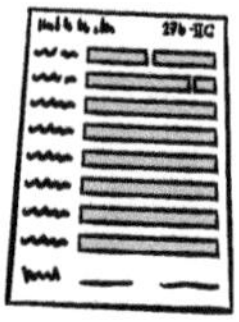

formulario

формуляр

documento

документ

economía
экономика

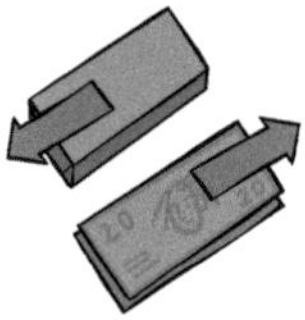

comprar

покупать

pagar

платить

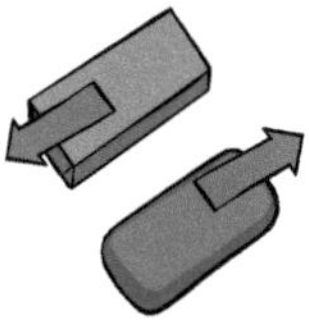

comerciar

торговать

dinero

деньги

dólar

доллар

euro

евро

yen

иена

rublo

рубль

franco suizo

франк

renminbi yuan

жэньминьби юань

rupia

рупия

cajero automático

банкомат

oficina de cambio de divisas

....

пункт обмена валюты

oro

....

золото

plata

....

серебро

petróleo

....

нефть

energía

....

энергия

precio

....

цена

contrato

....

договор

impuesto

....

налог

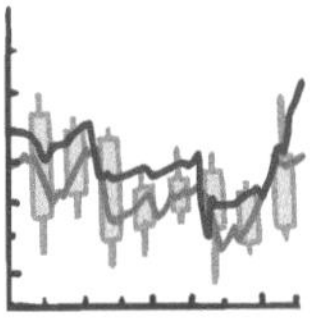

acción

....

акция

trabajar

....

работать

empleado

....

служащий

empleador

....

работодатель

fábrica

....

фабрика

tienda

....

магазин

oficios
профессии

agente de policía
милиционер
bombero
пожарный
cocinero
повар
médico
врач
piloto
пилот

jardinero

садовник

carpintero

столяр

costurera

швея

juez

судья

farmacéutico

химик

actor

актёр

conductor de autobús

водитель автобуса

taxista

таксист

pescador

рыбак

señora de la limpieza

уборщица

techador

кровельщик

camarero

официант

cazador

охотник

pintor

художник

panadero

пекарь

electricista

электрик

obrero

строитель

ingeniero

инженер

carnicero

мясник

fontanero

сантехник

cartero

почтальон

soldado

солдат

arquitecto

архитектор

cajero

кассир

florista

флорист

peluquero

парикмахер

revisor

кондуктор

mecánico

механик

capitán

капитан

dentista

зубной врач

científico

ученый

rabino

раввин

imán

имам

monje

монах

sacerdote

священник

herramientas

инструменты

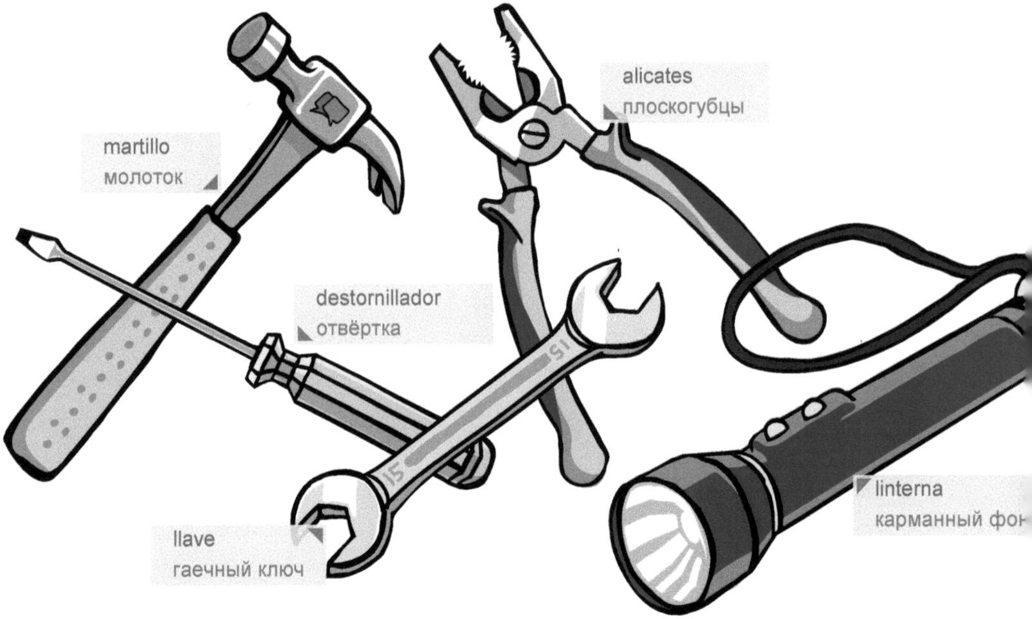
alicates
плоскогубцы
martillo
молоток
destornillador
отвёртка
linterna
карманный фо
llave
гаечный ключ

excavadora

экскаватор

caja de herramientas

ящик для инструментов

escalera de mano

стремянка

sierra

пила

clavos

гвозди

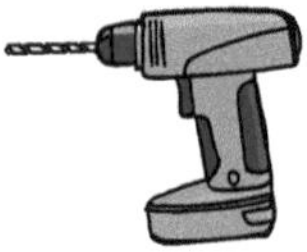

taladro

дрель

reparar

ремонтировать

pala

лопата

¡Maldita sea!

Блин!

recogedor

совок

bote de pintura

ведро с краской

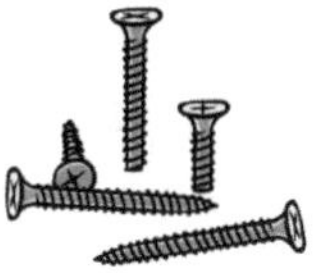

tornillos

винты

instrumentos musicales

музыкальные инструменты

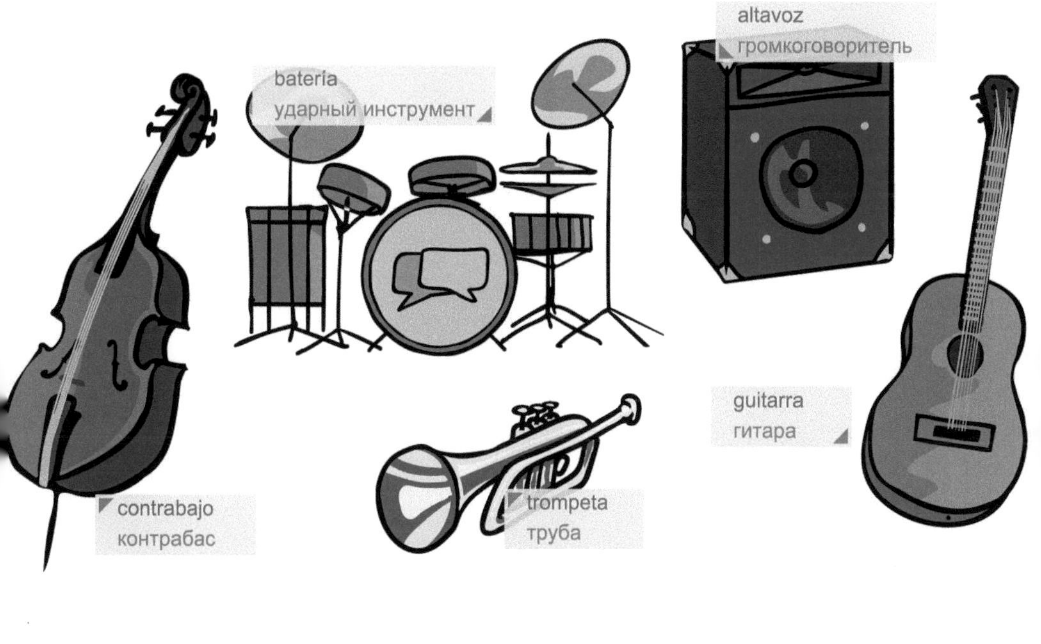
altavoz
громкоговоритель
batería
ударный инструмент
guitarra
гитара
contrabajo
контрабас
trompeta
труба

piano

пианино

violín

скрипка

bajo

бас-гитара

timbales

литавры

tambor

барабан

teclado

синтезатор

saxofón

саксофон

flauta

флейта

micrófono

микрофон

zoo
зоопарк

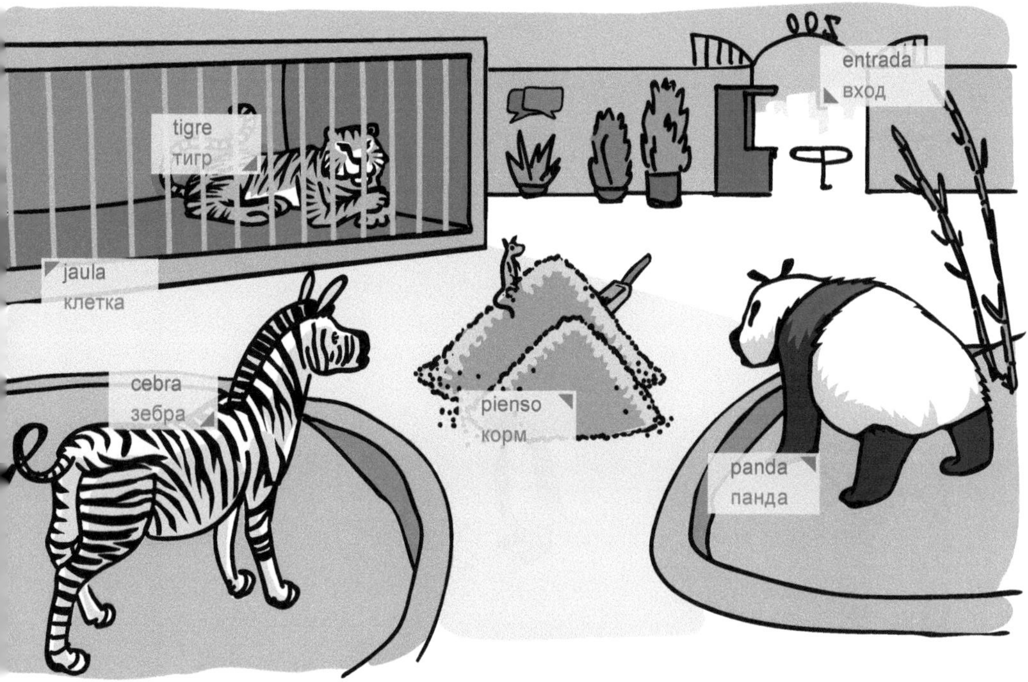

zoo
entrada
вход
tigre
тигр
jaula
клетка
cebra
зебра
pienso
корм
panda
панда

animales
животные

elefante
слон

canguro
кенгуру

rinoceronte
носорог

gorila
горилла

oso
медведь

camello

верблюд

avestruz

страус

león

лев

mono

обезьяна

flamingo

фламинго

loro

попугай

oso polar

белый медведь

pingüino

пингвин

tiburón

акула

pavo real

павлин

serpiente

змея

cocodrilo

крокодил

guardián de zoológico

служитель зоопарка

foca

тюлень

jaguar

ягуар

poni

пони

leopardo

леопард

hipopótamo

бегемот

jirafa

жираф

águila

орёл

jabalí

кабан

pescado

рыба

tortuga

черепаха

morsa

морж

zorro

лиса

gacela

газель

deportes
спорт

fútbol americano
американский футбол
ciclismo
езда на велосипеде
tenis
теннис
baloncesto
баскетбол
natación
плавание
hockey sobre hielo
хоккей
boxeo
бокс

fútbol

футбол

bádminton

бадминтон

atletismo

лёгкая атлетика

balonmano

гандбол

esquí

лыжный спорт

polo

поло

actividades
действия

saltar
прыгать
abrazar
обнимать
reír
смеяться
caminar
идти
cantar
петь
soñar
мечтать
rezar
молиться
besar
целовать

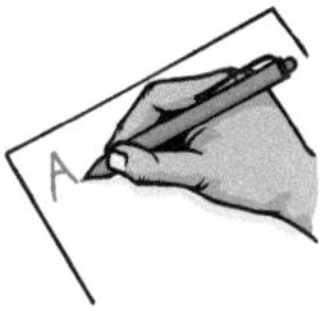

escribir

писать

dibujar

рисовать

mostrar

показывать

empujar

нажимать

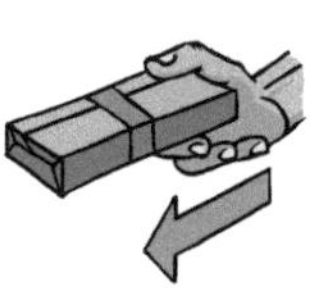

dar

давать

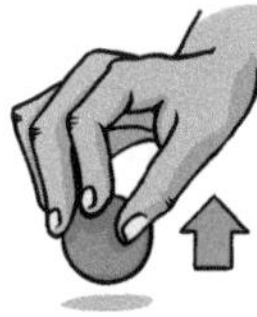

tomar

брать

tener

иметь

hacer

делать

ser

быть

estar de pie

стоять

correr

бежать

tirar

тянуть

tirar

бросать

caer

падать

yacer

лежать

esperar

ждать

llevar

носить

estar sentado

сидеть

vestirse

надевать

dormir

спать

despertar

просыпаться

mirar

рассматривать

llorar

плакать

acariciar

гладить

peinar

причесывать

hablar

говорить

entender

понимать

preguntar

спрашивать

escuchar

слушать

beber

пить

comer

кушать

ordenar

наводить порядок

amar

любить

cocinar

готовить

conducir

ехать

volar

летать

navegar

ходить под парусом

calcular

считать

leer

читать

aprender

учиться

trabajar

работать

casarse

вступать в брак

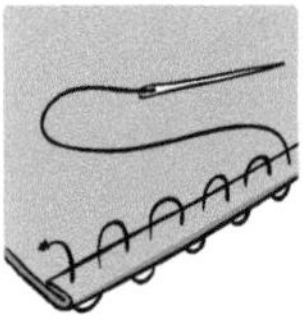

coser

шить

cepillarse los dientes

чистить зубы

matar

убивать

fumar

курить

enviar

отправлять

familia
семья

abuela
бабушка
abuelo
дедушка
padre
папа
madre
мама
bebé
младенец
hija
дочь
hijo
сын

invitado

гость

tía

тетя

tío

дядя

hermano

брат

hermana

сестра

cuerpo

тело

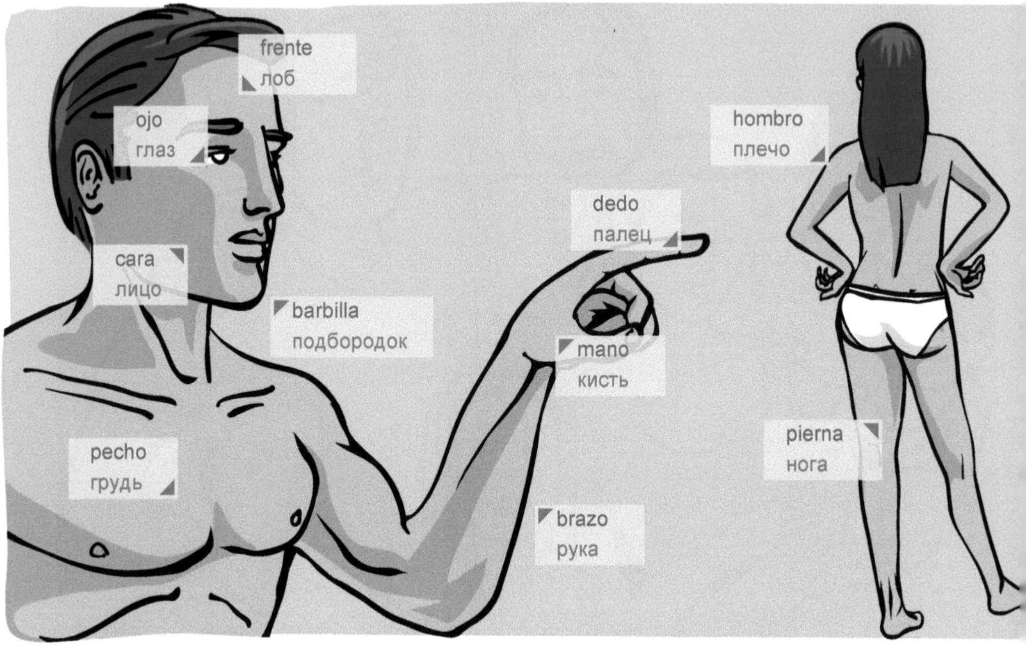
frente
лоб
ojo
глаз
hombro
плечо
dedo
палец
cara
лицо
barbilla
подбородок
mano
кисть
pierna
нога
pecho
грудь
brazo
рука

bebé

младенец

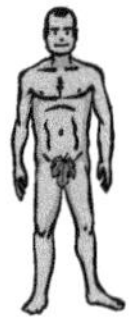

hombre

мужчина

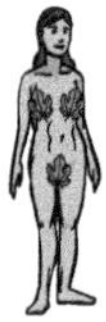

mujer

женщина

chica

девочка

chico

мальчик

cabeza

голова

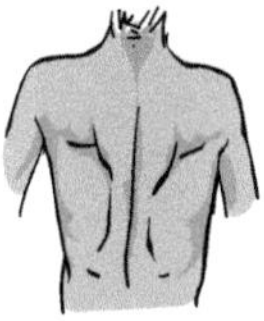

espalda

спина

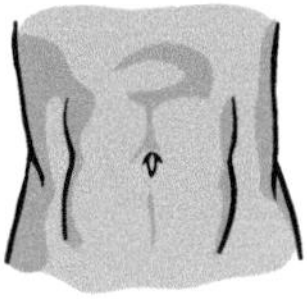

vientre

живот

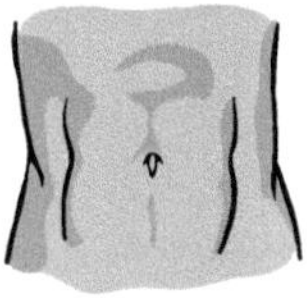

ombligo

пупок

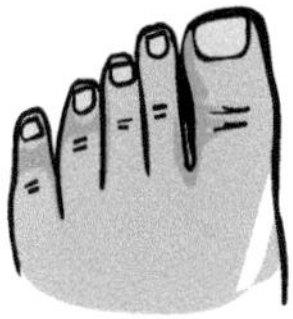

dedo del pie

палец ноги

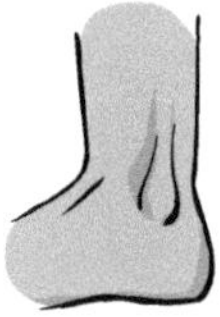

talón

пятка

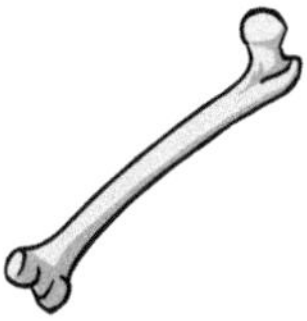

hueso

кость

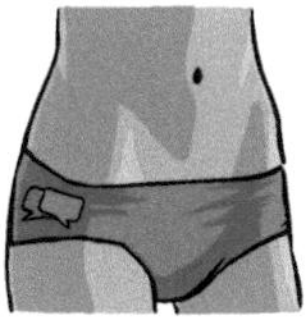

cadera

бедро

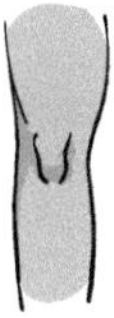

rodilla

колено

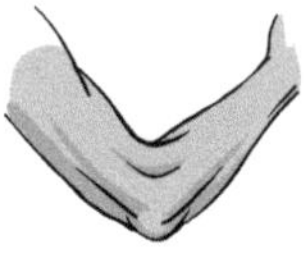

codo

локоть

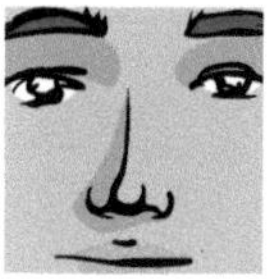

nariz

нос

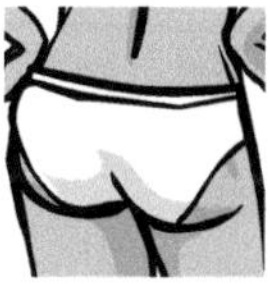

trasero

ягодицы

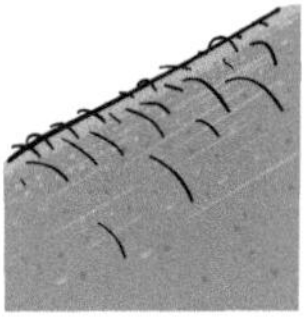

piel

кожа

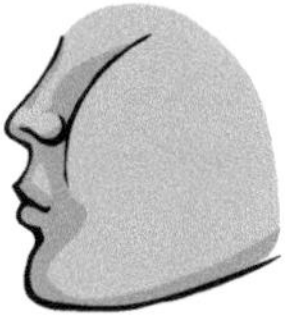

mejilla

щека

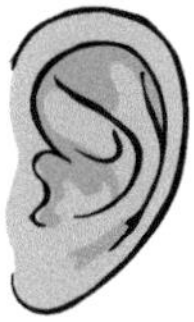

oído

ухо

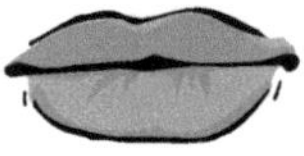

labio

губа

boca

рот

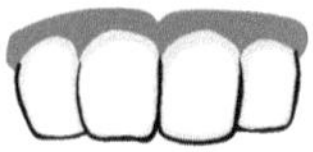

diente

зуб

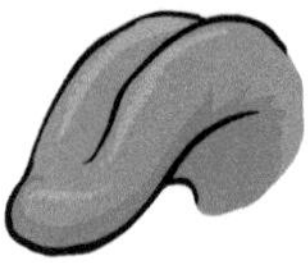

lengua

язык

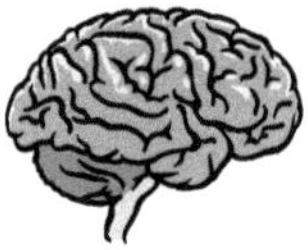

cerebro

мозг

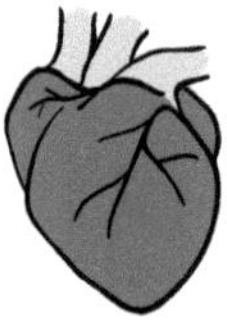

corazón

сердце

músculo

мышца

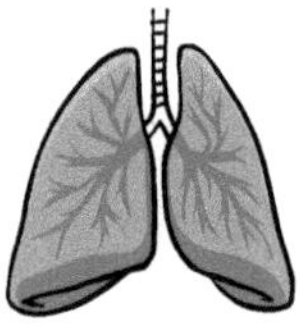

pulmón

лёгкое

hígado

печень

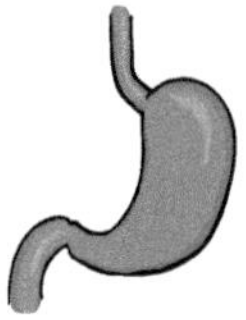

estómago

желудок

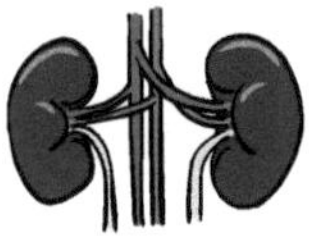

riñones

почки

sexo

половой акт

condón

презерватив

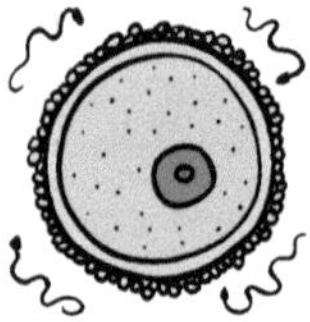

ovario

яйцеклетка

semen

сперма

embarazo

беременность

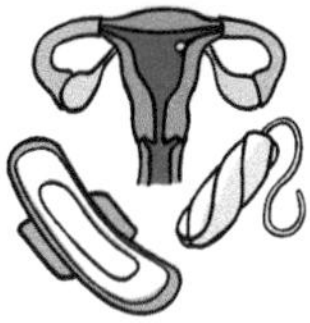

menstruación

менструация

vagina

вагина

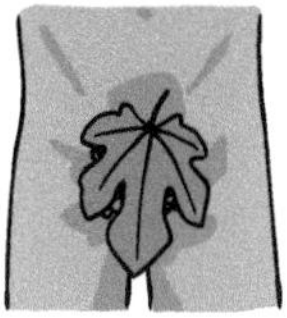

pene

пенис

ceja

бровь

pelo

волосы

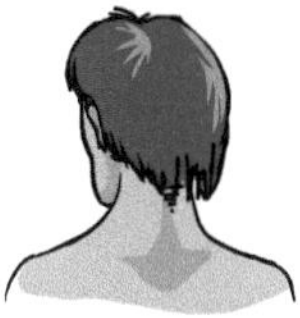

cuello

шея

hospital
больница

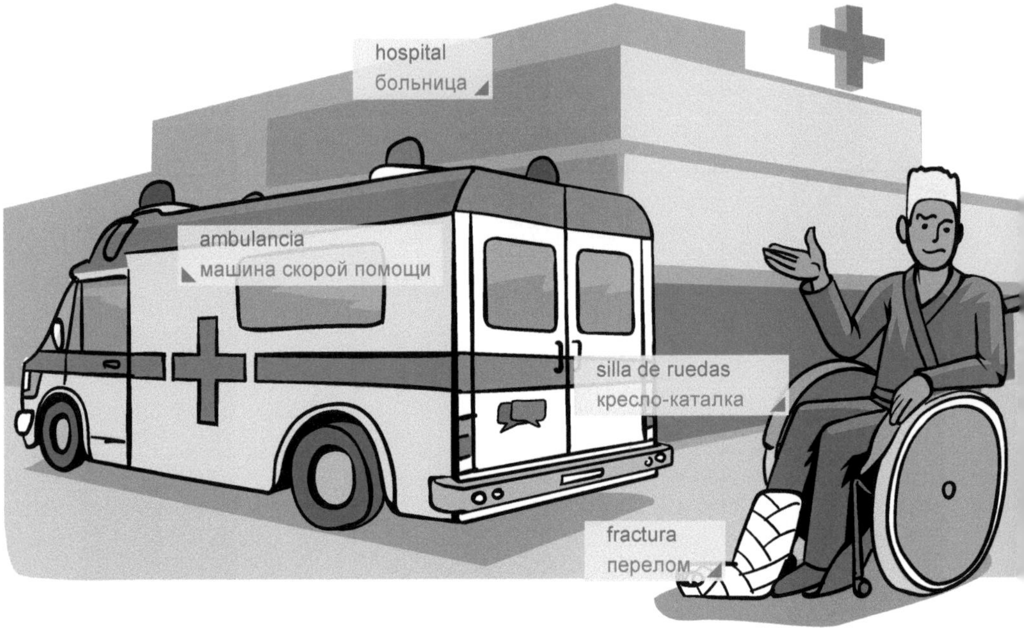
hospital
больница
ambulancia
машина скорой помощи
silla de ruedas
кресло-каталка
fractura
перелом

médico

врач

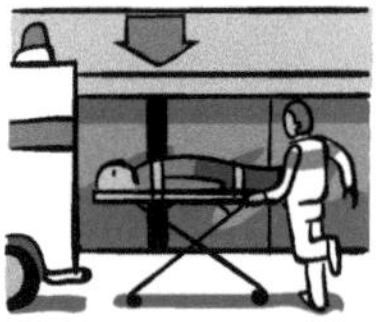

sala de urgencias

пункт первой помощи

enfermera

медсестра

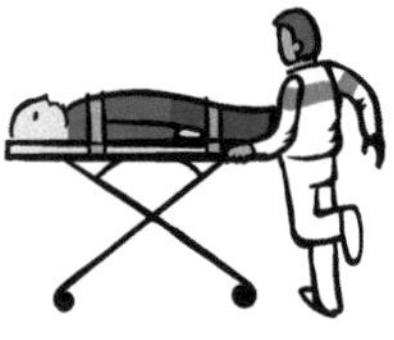

urgencia

неотложный случай

inconsciente

без сознания

dolor

боль

lesión

повреждение

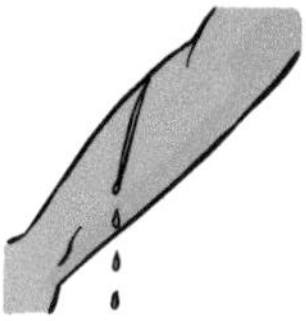

hemorragia

кровотечение

infarto

инфаркт

ictus

инсульт

alergia

аллергия

tos

кашель

fiebre

повышенная температура

gripe

грипп

diarrea

понос

dolor de cabeza

головная боль

cáncer

рак

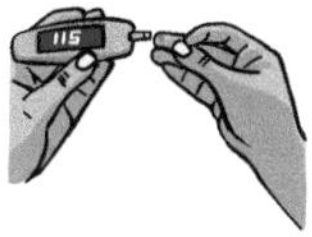

diabetes

диабет

cirujano

хирург

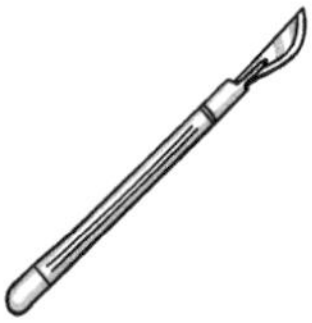

bisturí

скальпель

operación

операция

TAC

КТ

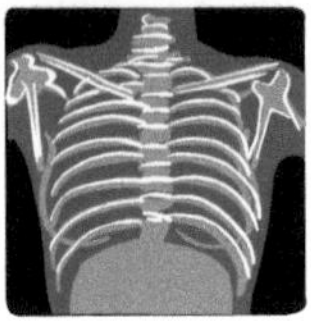

rayos x

рентген

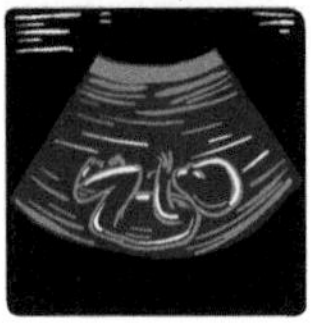

ultrasonido

ультразвук

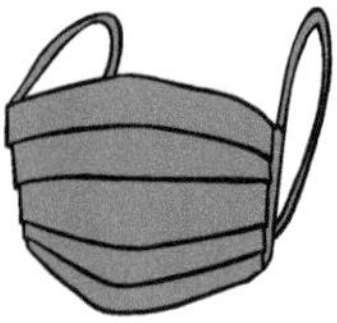

mascarilla

маска

enfermedad

болезнь

sala de espera

приёмная

muleta

костыль

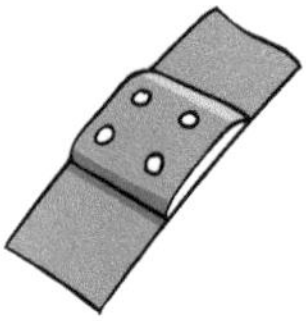

tirita

пластырь

venda

бинт

inyección

укол

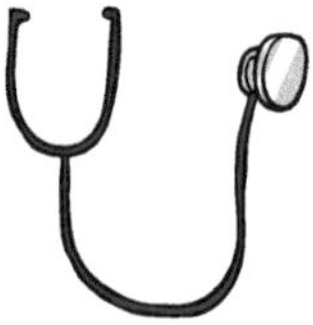

estetoscopio

стетоскоп

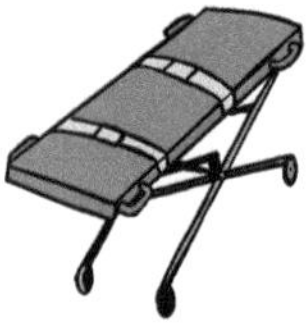

camilla

носилки

termómetro

термометр

nacimiento

рождение

sobrepeso

избыточный вес

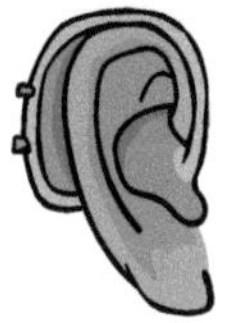

audífono

слуховой аппарат

desinfectante

дезинфекционное средство

infección

инфекция

virus

вирус

VIH / SIDA

ВИЧ / СПИД

medicina

лекарство

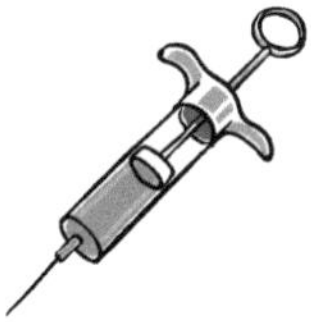

vacunación

прививка

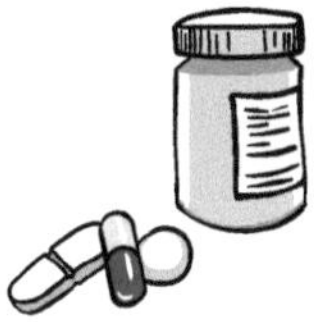

tabletas

таблетки

pastilla

противозачаточная таблетка

llamada de urgencia

экстренный вызов

tensiómetro

прибор для измерения кровяного давления

enfermo / sano

больной / здоровый

urgencia

неотложный случай

¡Socorro!

Помогите!

alarma

сигнал тревоги

asalto

нападение

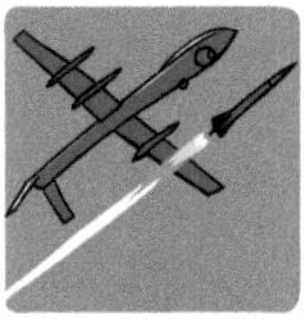

ataque

атака

peligro

опасность

salida de emergencia

запасной выход

¡Fuego!

Пожар!

extintor de incendios

огнетушитель

accidente

несчастный случай

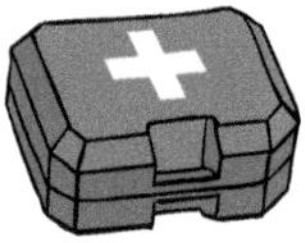

botiquín de primeros auxilios

аптечка

SOS

SOS

policía

милиция

tierra

земля

Europa

Европа

Norteamérica

Северная Америка

Sudamérica

Южная Америка

África

Африка

Asia

Азия

Australia

Австралия

Atlántico

Атлантический океан

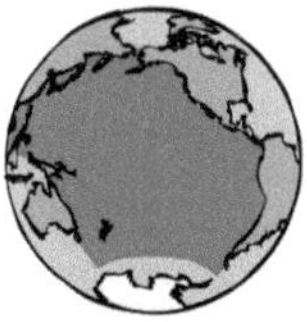

Pacífico

Тихий океан

Océano Índico

Индийский океан

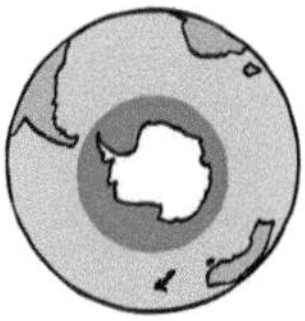

Océano Antártico

Антарктический океан

Océano Ártico

Северный Ледовитый океан

polo norte

Северный полюс

polo sur

Южный полюс

Antártida

Антарктика

tierra

земля

tierra

суша

mar

море

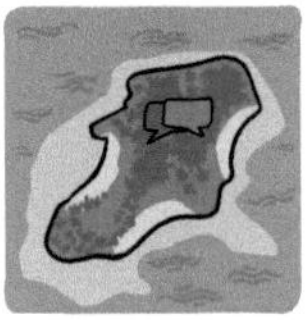

isla

остров

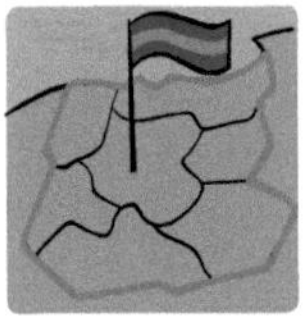

nación

нация

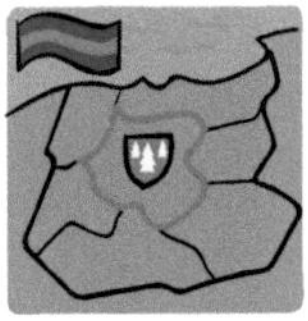

estado

государство

hora(s)

часы

esfera

циферблат

manecilla de las horas

часовая стрелка

minutero

минутная стрелка

segundero

секундная стрелка

¿Qué hora es?

Который час?

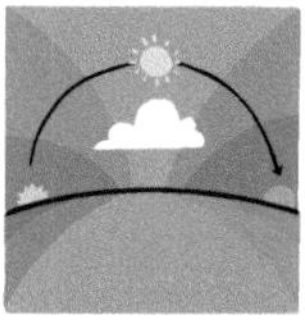

día

день

tiempo

время

ahora

сейчас

reloj digital

электронные часы

minuto

минута

hora

час

semana
неделя

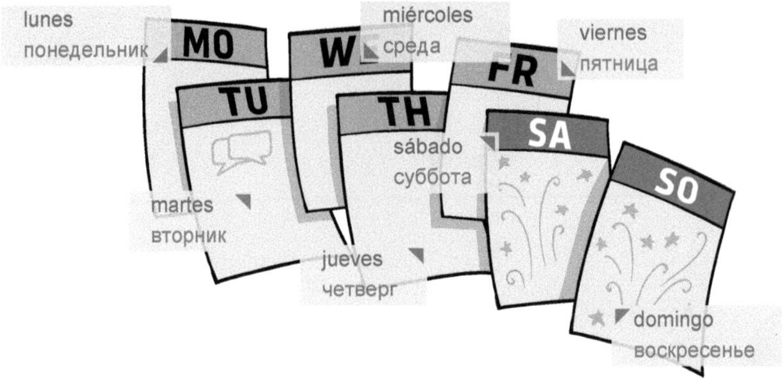
lunes
понедельник
miércoles
среда
viernes
пятница
MO
W
FR
TU
TH
SA
SO
sábado
суббота
martes
вторник
jueves
четверг
domingo
воскресенье

TUE
MON
1

ayer

вчера

TUE
2

hoy

сегодня

TUE
3

mañana

завтра

mañana

утро

mediodía

полдень

tarde

вечер

días laborables

рабочие дни

fin de semana

выходные

año

год

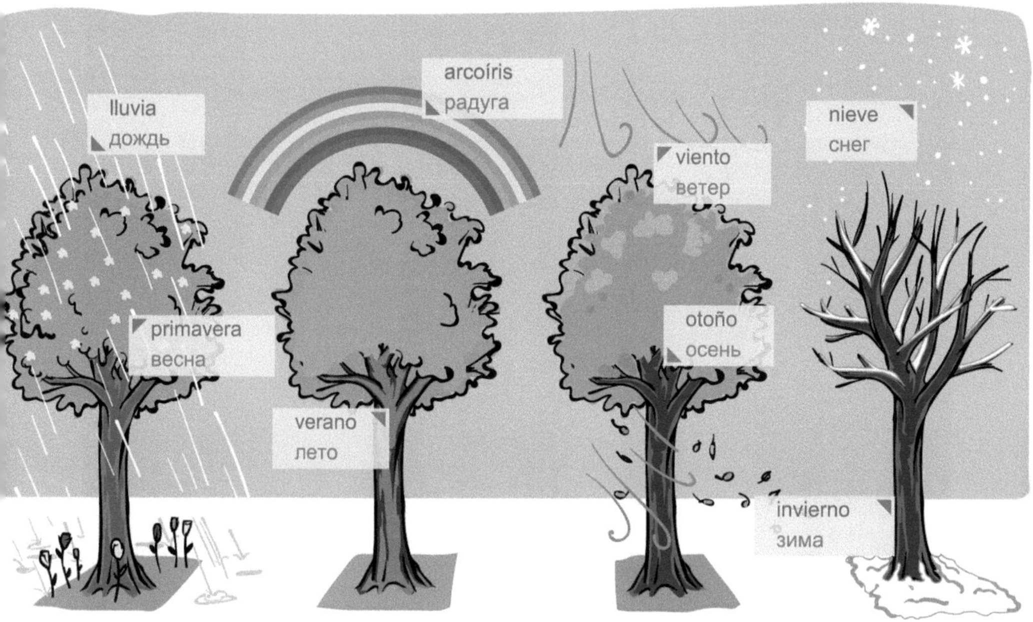

lluvia
дождь
arcoíris
радуга
nieve
снег
viento
ветер
primavera
весна
otoño
осень
verano
лето
invierno
зима

4.APRIL 11°
5.APRIL 4°
6.APRIL 13°
7.APRIL 8°
8.APRIL 10°

pronóstico del tiempo

прогноз погоды

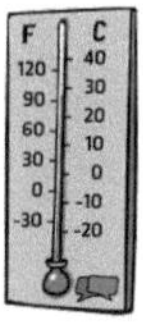

F C
120 40
90 30
60 20
30 10
0 0
-30 -10
-20

termómetro

термометр

sol

солнечный свет

nube

туча

niebla

туман

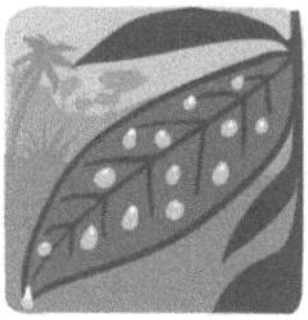

humedad

влажность воздуха

rayo

молния

trueno

гром

tormenta

буря

granizo

град

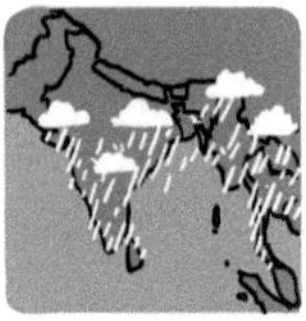

monzón

муссон

inundación

наводнение

hielo

лёд

enero

январь

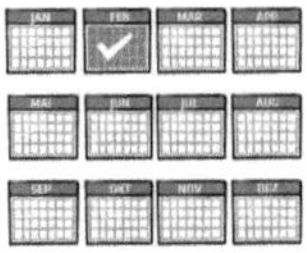

febrero

февраль

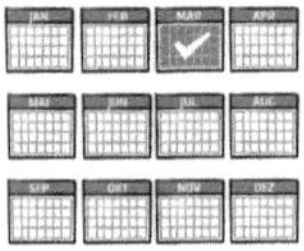

marzo

март

abril

апрель

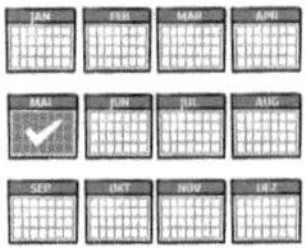

mayo

май

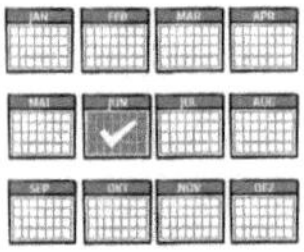

junio

июнь

julio

июль

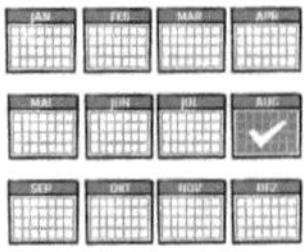

agosto

август

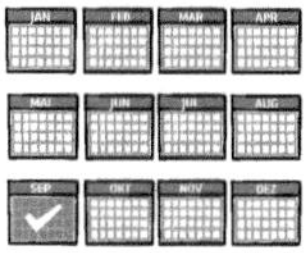

septiembre

сентябрь

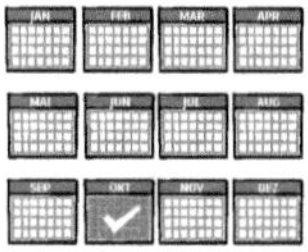

octubre

октябрь

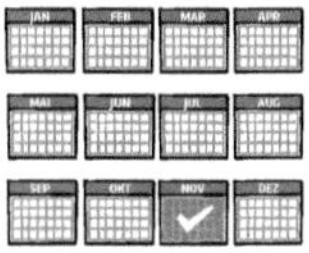

noviembre

ноябрь

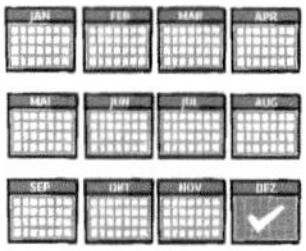

diciembre

декабрь

formas

формы

círculo

круг

cuadrado

квадрат

rectángulo

прямоугольник

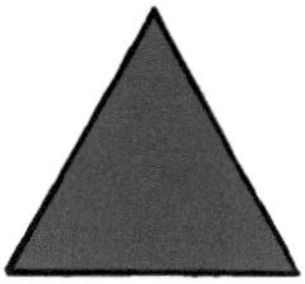

triángulo

треугольник

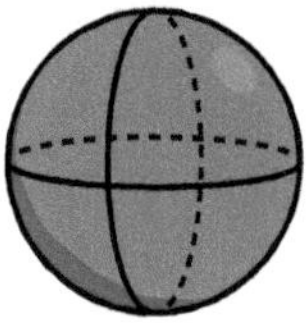

esfera

шар

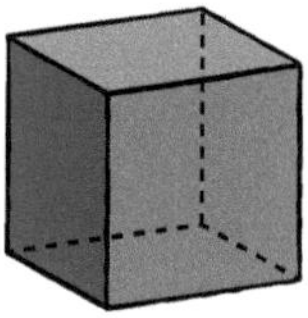

cubo

куб

colores

цвета

blanco

белый

amarillo

желтый

anaranjado

оранжевый

rosa

розовый

rojo

красный

morado

лиловый

azul

синий

verde

зелёный

marrón

коричневый

gris

серый

negro

черный

opuestos
противоположности

mucho / poco

много / мало

enojado / tranquilo

яростный / мирный

bonito / feo

красивый / уродливый

principio / fin

начало / конец

grande / pequeño

большой / маленький

claro / oscuro

светлый / темный

hermano / hermana

брат / сестра

limpio / sucio

чистый / грязный

completo / incompleto

полный / неполный

día / noche

день / ночь

muerto / vivo

мёртвый / живой

ancho / estrecho

широкий / узкий

comestible / no comestible

съедобный / несъедобный

malo / amable

злой / дружелюбный

entusiasmado / aburrido

взволнованный / скучающий

gordo / delgado

толстый / худой

primero / último

сначала / в конце

amigo / enemigo

друг / враг

lleno / vacío

полный / пустой

duro / blando

твёрдый / мягкий

pesado / ligero

тяжёлый / легкий

hambre / sed

голод / жажда

enfermo / sano

больной / здоровый

ilegal / legal

незаконный / законный

inteligente / tonto

умный / глупый

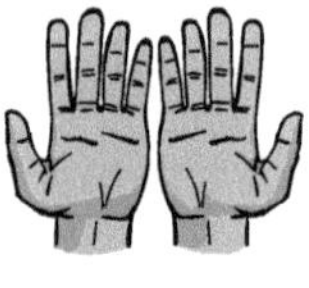

izquierda / derecha

слева / справа

cerca / lejos

близко / далеко

nuevo / usado

новый / подержанный

nada / algo

ничто / нечто

viejo / joven

старый / молодой

encendido / apagado

включено / выключено

abierto / cerrado

открыто / закрыто

silencioso / ruidoso

тихо / громко

rico / pobre

богатый / бедный

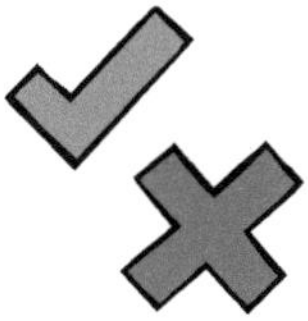

correcto / incorrecto

правильный / неправильный

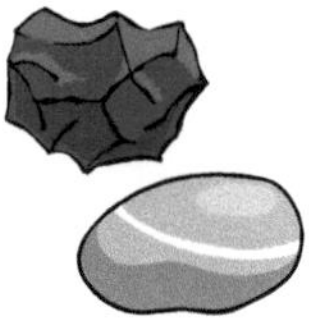

áspero / suave

шероховатый / гладкий

triste / contento

печальный / счастливый

corto / largo

короткий / длинный

lento / rápido

медленный / быстрый

húmedo / seco

мокрый / сухой

cálido / frío

тёплый / прохладный

guerra / paz

война / мир

números

цифры

0

cero

ноль

1

uno

один

2

dos

два

3

tres

три

4

cuatro

четыре

5

cinco

пять

6

seis

шесть

7

siete

семь

8

ocho

восемь

9

nueve

девять

10

diez

десять

11

once

одиннадцать

12	13	14
doce	trece	catorce
двенадцать	тринадцать	четырнадцать
15	16	17
quince	dieciséis	diecisiete
пятнадцать	шестнадцать	семнадцать
18	19	20
dieciocho	diecinueve	veinte
восемнадцать	девятнадцать	двадцать
100	1.000	1.000.000
cien	mil	millón
сто	тысяча	миллион

idiomas

языки

inglés

английский

inglés americano

американский английский

chino mandarín

мандаринский китайский

hindi

хинди

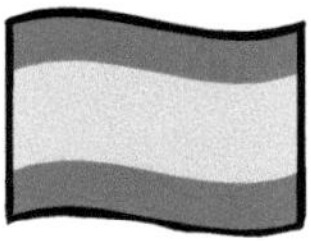

español

испанский

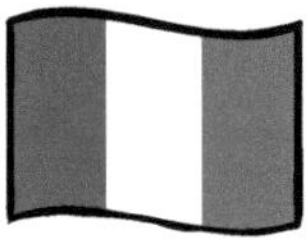

francés

французский

árabe

арабский

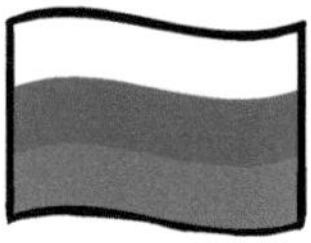

ruso

русский

portugués

португальский

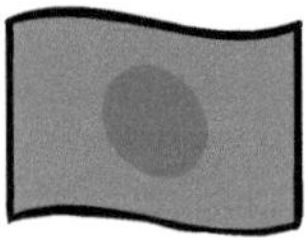

bengalí

бенгальский

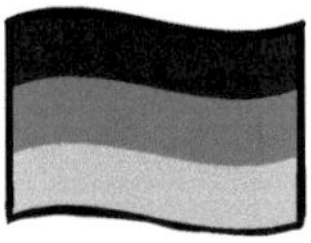

alemán

немецкий

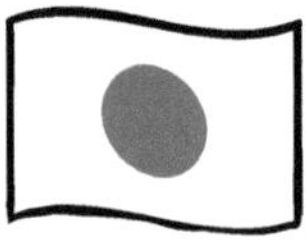

japonés

японский

quién / qué / cómo

кто / что / как

yo

я

tú

ты

él / ella / ello

он / она / оно

nosotros/as

мы

vosotros/as

вы

ellos/as

они

¿quién?

кто?

¿qué?

что?

¿cómo?

как?

¿dónde?

где?

¿cuándo?

когда?

nombre

имя

dónde

где

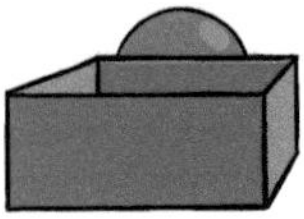

detrás

за

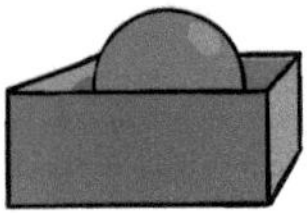

en

в

delante de

перед

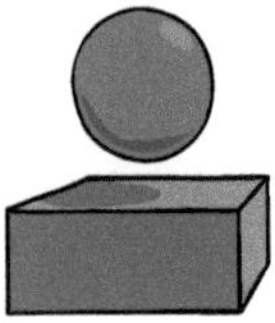

por encima de

над

sobre

на

debajo de

под

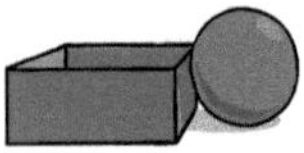

junto a

рядом

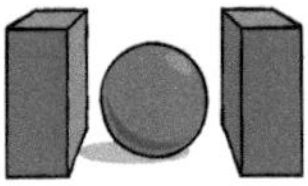

entre

между

lugar

место